中国科学院科学出版基金资助出版

网络交易风险控制理论
Risk Control Theory of Online Transactions

蒋昌俊　于汪洋　著

科　学　出　版　社

北　京

内 容 简 介

　　本书主要介绍网络交易过程的风险控制技术，将传统的安全技术和先进的行为认证方法应用于网络交易系统的可信保障，促进可信网络交易理论和技术的发展。全书共八章，分别介绍网络交易风险控制技术的研究背景及意义，并详细介绍网络交易系统的建模、风险防控技术、在线监控技术等，着重介绍以身份认证为核心的用户行为的风险防控，以及软件系统的行为证书方法。最后介绍征信技术的相关发展以及网络交易系统的案例分析。

　　本书既可供计算机科学与技术领域研究人员参考，也可作为网络交易风险防控领域的研究资料。

图书在版编目 (CIP) 数据

　　网络交易风险控制理论/蒋昌俊，于汪洋著. —北京：科学出版社，2018.3
　　ISBN 978-7-03-056839-7

　　Ⅰ．①网…　Ⅱ．①蒋…　②于…　Ⅲ．①网上交易－风险管理　Ⅳ．①F713.365.2

　　中国版本图书馆 CIP 数据核字 (2018) 第 048832 号

责任编辑：余　丁 / 责任校对：郭瑞芝
责任印制：师艳茹 / 封面设计：迷底书装

科 学 出 版 社 出版
北京东黄城根北街 16 号
邮政编码：100717
http://www.sciencep.com

北京画中画印刷有限公司 印刷
科学出版社发行　各地新华书店经销
*
2018 年 3 月第　一　版　　开本：720×1 000 1/16
2018 年 3 月第一次印刷　　印张：10
字数：180 000

定价：**88.00 元**
（如有印装质量问题，我社负责调换）

作 者 简 介

蒋昌俊，男，教授，博士生导师，国家杰出青年科学基金获得者，973 项目首席科学家。1986 年和 1991 年于山东科技大学分别获得计算数学学士学位和计算机软件与理论硕士学位，1995 年于中国科学院自动化研究所获得控制理论与工程博士学位，1997 年于中国科学院计算技术研究所博士后出站。2008 年至 2015 年任同济大学副校长，现任东华大学校长、同济大学嵌入式系统与服务计算教育部重点实验室主任、上海市电子交易与信息服务知识服务平台主任。

主要学术职务有：国家自然科学基金委员会信息学部咨询委员会委员（2014-2016）、中国人工智能学会副理事长（2015-）、中国自动化学会常务理事（2006-）、中国自动化学会网络信息服务专业委员会主任（2015-）、中国计算机学会理事、中国云体系产业创新战略联盟副理事长（2014-）、上海市科学技术协会副主席（2012-）、美国电子电气工程师学会（IEEE）上海分会副主席（2007-）、中国人工智能学会会士（CAAI Fellow，2017-）、英国工程技术学会会士（IET Fellow，2014-）。被授予英国 Brunel University 荣誉教授（2016-）等。担任《Big Data Mining and Analytics》《计算机学报》《软件学报》《电子学报》《人工智能学报》《应用科学学报》《计算机研究与发展》等编委。担任国际学术会议主席、程序委员会主席等 20 余次。目前与香港城市大学、澳门大学、法国国立高等电信学校、芬兰奥尔多大学，美国阿贡实验室、科罗纳多大学、新泽西理工大学、德克萨斯理工大学和德国基尔大学等开展合作。

主要从事网络并发理论、网络风险防控、网络计算环境和网络信息服务的研究。担任国家重点基础研究发展计划（973 计划）项目"信息服务的模型与机理研究"首席科学家。先后主持国家自然科学基金重大研究计划集成项目、国家自然科学基金重点项目、国家高技术研究发展计划（863 计划）项目和国际重点科技合作项目等 10 余项。在《中国科学》《ACM Transactions on Embedded Computing Systems》《ACM Transactions on Autonomous and Adaptive Systems》《IEEE Transactions on Computers》《IEEE Transactions on Parallel and Distributed Systems》《IEEE Transactions on Mobile Computing》《IEEE Transactions on Services Computing》《IEEE Transactions on Automation Science and Engineering》《IEEE Transactions on Systems, Man, and Cybernetics》等国内外重要刊物和会议文集上发表论文 300 余篇，论文被国内外同行引用 2800 余次。独立完成著作 2 部，分别由科学出版社（中国科

学院科学出版基金资助）和高等教育出版社（教育部优秀博士论文出版基金资助）出版。获国家授权发明专利和澳洲创新专利 60 项、国际 PCT 专利 19 项，行业技术标准 17 项。承担的 2 项国家自然科学基金面上项目的结题评价为"特优"，973计划项目、国家自然科学基金重大研究计划集成项目和重点项目等结题评价均为"优秀"。

　　研究成果获得 2016 年国家科学技术进步二等奖（第 1 位）、2013 年国家科学技术进步二等奖（第 1 位）、2010 年国家技术发明二等奖（第 1 位），省部级三大奖（自然科学、技术发明、科技进步）一等奖 5 项（均为第 1 位）等。此外还获得首届全国百篇优秀博士论文、国际离散事件动态系统（discrete event dynamic system，DEDS）领域何潘清漪奖（每两年一次，每次奖励 1-2 位优秀论文作者）、国际期刊《International Journal of Distributed Systems and Technologies》2010 年度最佳论文、11th IET Innovation Awards、15th ACM MobiHoc Best Paper Awards（国内学者首次获得）等。指导的研究生撰写的论文中，1 篇获得全国优秀博士论文提名、1 篇获得计算机学会优秀博士论文、5 篇获得上海市优秀博士论文。2007 年所带领的"嵌入式服务计算"团队获得教育部优秀创新团队的荣誉。

　　于汪洋，男，副教授，博士。2013 年毕业于同济大学电子与信息工程学院，现就职于陕西师范大学计算机科学学院，2016 年 12 月至 2017 年 12 月在英国德比大学进行学术访问。主持国家自然科学基金青年基金项目等，在《IEEE Transactions on Automation Science and Engineering》《IEEE Transactions on Systems, Man, and Cybernetics》等国内外重要刊物和会议文集上发表论文 20 余篇。主要研究兴趣为 Petri 网理论及应用、可信软件、网络交易系统等。

序

随着互联网的迅猛发展，我国网络交易等新兴产业迅速发展，已成为国民经济稳定与可持续发展的重要组成部分。然而，与行业高速发展相比，我国网络交易的关键技术仍较落后，监管能力及手段明显不足。近年来，互联网交易遭受恶意攻击、木马劫持、网络钓鱼以及信用卡诈骗等愈加严重，各类交易欺诈、走私逃税等违法经营行为层出不穷。

传统的交易风险控制以法制为主，在相应法律约束下通过监管、监控实现控制。然而受限于新兴业态的发展不完善与研究数据储备不足，即有的法律规范难以满足，因此出现了新的技术，如交易的认证机制、第三方托管机制、参与者的认知能力分级机制、交易中的地域分级机制等。通过细分交易参与者信息，针对不同场景制定详细的交易规则，实现风险控制。但是，以"欺诈"为主要特征的网络交易安全威胁是现有以身份认证为核心、以规则检测为手段、以防御攻击为目标的风险防控技术难以防范的！

蒋昌俊教授带领同济大学的研发团队率先提出了网络交易风险防控的行为认证技术，建立了用户行为数据挖掘的要素路径与标准规范；通过采集和分析用户在系统中留下的蛛丝马迹，构建了表征用户特征和习惯的"行为纹理"和"交易模式"；设计了基于模型的行为认证机制，突破了在线交易规则审核实时性差、放行率低的技术瓶颈，有效克服了交易欺诈的高辨识和强实时的难题。相关成果发表在国内外重要学术期刊上，并被国际同行专家高度评价。

该书是作者研究成果的体现，也是基于信息学科研究网络交易风险控制的第一本学术专著，同时对互联网金融风险控制方面的学习和研究具有重要参考价值。特此推荐给相关领域的各位读者。

中国工程院院士 郭江兴

2017 年 11 月于上海

前　　言

网络交易已成为新的经济金融重要组成部分之一，对国民经济的可持续健康发展具有重大战略意义。与此同时，交易支付欺诈问题也呈现爆炸式增长趋势。网络交易犯罪逐渐呈现出规模化、体系化的特点。面对逐渐形成的黑灰色产业链，保障网络交易的安全性变得越来越复杂，网络交易流程和行为的可信问题也变得越来越突出，已逐渐成为网络交易发展面临的瓶颈问题。可信的网络交易系统不仅需要成熟的、合适的理论基础，还依赖于先进的信息技术所实现的网络交易认证与分析平台，并提升网络交易的安全管理水平和管理效率。

本书从信息技术角度，介绍网络交易风险防控的理论和相关技术，首次将行为认证方法引入网络交易的可信保障，开展行为认证技术在网络交易系统中的应用研究。科研团队历时 20 多年的研发，持续得到上海市、国家自然科学基金委员会、科技部等单位的项目支持，形成了网络交易支付系统风险防控关键技术的整套理论与方法，研制了大规模网络交易风险防控系统平台，并在支付宝（中国）网络技术有限公司等进行了应用示范。

网络交易风险控制技术的研究，不仅从理论方法上建立行为认证理论和面向业务过程的建模和分析技术，推进可信网络交易过程的研究，而且从应用上研制大规模网络交易风险防控平台，实现大规模、强实时网络交易监控和管理，使用户的网络交易过程更安全，为在线非可信交易筑起一道坚固的防线，未来还有望应用于互联网金融工程、自贸区离岸结算等更多领域中。

本书着重介绍网络交易系统的建模、软件系统的风险防控、用户行为的风险防控、网络交易系统的在线监控、征信分析等技术。研究团队发表了数 10 篇 SCI、EI 等高质量论文，获得了数 10 项专利授权，培养了 20 多名博士、硕士及博士后。网络交易风险防控相关研究成果先后获得了上海市科学技术进步一等奖和国家科学技术进步二等奖。

感谢邬江兴院士对本书提出了许多宝贵的意见，并为本书撰写了序言。感谢同济大学嵌入式系统与服务计算教育部重点实验室的老师、博士生、硕士生及博士后的大力支持与帮助，感谢他们为本书提供了写作素材。

本书不仅适合信息技术领域相关研究人员参考，而且适合可信软件和网络交易领域相关人员阅读。

由于时间仓促，水平有限，书中不妥之处在所难免，敬请读者批评指正。

作　者

2017 年 4 月

目　　录

第一章 绪 论

1.1 引 言

近年来，随着网络技术的发展，以及"互联网+"相关政策的支持，网络交易作为新的商业模式发展异常迅速。据中国互联网络信息中心统计，截至 2016 年 12 月，我国网络购物用户规模达到 4.67 亿[1]。团购、网上支付、互联网理财和在线旅游全面增长。然而，网络交易的安全可信问题也越发凸显。在各行业网站系统中，电子商务类网站存在高危因素比例最高，为 26%[2]。2014 年因网络消费遭遇安全问题的网民达 8000 万人，占网民总数的 12.6%。49%的网民表示互联网不太安全或非常不安全[3]。国内外各大电子商务网站也频频出现各种技术问题、业务问题、安全事件等[4]。比如，众多的开源电子商务系统与第三方支付平台的流程缺陷[5-7]；2012 年某第三方支付平台存在的安全隐患导致用户资金损失[8]；某 B2C 充值平台的缺陷使该商务网站受到重大损失[9]；2013 年出现了"授权支付"及新形式的交易劫持[10]；2014 年各大电子商务平台所暴露的各种安全问题也给网络购物带来了新的威胁，利用服务器程序与应用程序的接口实施恶意行为已成为新的趋势[2]。同时，近年来以网络钓鱼为典型的社会工程学方法正在大面积地危害网络交易的健康发展。

在动态、开放的网络环境下，分布式网络交易系统之间的协作是通过各个主体的业务交互来实现的。网络交易系统结构多样，参与的主体众多，比如银行、第三方支付平台、买方客户端、购物网站等。交易主体之间通过应用程序开放接口进行交互和通信，如应用程序接口(application programming interface，API)、Web 服务接口、软件即服务(software-as-a-service，SaaS)、现金即服务(cash-as-a-service，CaaS)等，将其各自复杂的业务流程组合成完整的、松耦合的、更复杂的混合网络应用。在开放的网络环境下，这种整合和交互带来了更多的不确定性，从而产生了新的安全挑战。不同主体、会话之间的交互复杂，业务逻辑难以一致，内部数据状态难以协调；业务流程之间数据流、控制流和资金流的复杂联动会导致非常严重的问题，比如交易属性的违反和巨大的经济损失。加之复杂多变的人为因素，不同主体的业务流程之间、不同会话之间、客户端和服务器之间交互所带来的业务逻辑错误，可以被恶意用户所发掘，即使传统的安全需求被满足(信息完整性、访问控制、安全策略等)，恶意用户仍然可以通过一系列系统允许的行为实现恶意目的，获取非法利益。

网络交易流程的实体和方式不断发生变化，开放、动态的网络环境也使得网络交易系统面临的环境复杂多样。据艾瑞咨询统计，天猫、淘宝服务平台的第三方服务商数量已超过 2800 多个。阿里巴巴甚至提出"聚石塔"和"阿里无线百川计划"，增强与第三方业务的合作[11]。多样化的系统结构和众多角色参与，使得不同主体之间的流程协作复杂，安全风险必然随之增加。因此，网络交易软件系统的流程设计和构造存在可信隐患会导致以业务流程为核心的网络交易系统在运行时出现不可预期的行为。

众所周知，网络交易已经成为互联网产业的重要组成部分，对于未来信息化时代的生活和经济发展是极其关键的。2015 年 12 月工信部发布的《国务院关于积极推进"互联网＋"行动的指导意见》进一步指出："推动工业电子商务平台、第三方物流、互联网金融等业务协同创新和互动发展……深化企业间电子商务应用……"，本书的内容符合上述国家重大发展趋求,相关研究成果将具有广泛的应用前景。

1.2　互联网发展

自互联网接入中国以来，中国的网络应用飞速发展。互联网基础设施建设的不断完善、利好政策的持续出台，以及互联网对于各个行业的渗透，共同促进了网民规模的持续增长。2016 年上半年，国务院等相关部门相继出台有关"互联网+政务服务""互联网+流通""互联网+制造业"等指导意见,推动互联网与各个行业的融合。2016 年 4 月，习近平总书记在网络安全和信息化工作座谈会上提出"推动我国网信事业发展，让互联网更好造福人民"。未来互联网作为信息社会的基础设施，将进一步对中国政治、经济、文化、社会等领域发展产生深刻影响[12]。

2016 年，我国个人互联网应用保持稳健发展，用户规模均呈上升趋势，其中网上外卖和互联网医疗是增长最快的两个应用，年增长率分别达到 83.7%和 28%[11]；网络购物也保持较快增长，半年增长率为 8.3%。手机端大部分应用均保持快速增长，其中手机网上外卖用户规模增长最为明显，半年增长率为 40.5%，同时手机网上支付、网络购物的半年增长率均接近 20%。政府在推动消费升级的同时加大对跨境电商等相关行业的支持，网上购物平台从购物消费模式向服务消费模式拓展[12]。

互联网金融类应用在 2016 年保持增长态势，网上支付、互联网理财用户规模增长率分别为 9.3%和 12.3%[12]。电子商务应用的快速发展、网上支付厂商不断拓展和丰富线下消费支付场景，以及实施各类打通社交关系链的营销策略，带动非网络支付用户的转化；互联网理财用户规模的不断扩大、理财产品的日益增多、产品用户体验的持续提升，带动大众线上理财的习惯逐步养成。平台化、场景化、智能化成为互联网理财发展新方向。

2016 年，各类互联网公共服务类应用均实现用户规模增长，在线教育、网约车、在线政务服务用户规模均突破 1 亿，多元化、移动化特征明显。在线教育领域不断细化，用户边界不断扩大，服务朝着多样化方向发展，同时移动教育提供的个性化学习场景以及移动设备触感、语音输出等功能性优势，促使其成为在线教育主流；网约车领域，基于庞大的市场需求和日益完善的技术应用，行业规模不断扩大；在线政务领域，政府网站与政务微博、微信、客户端结合，充分发挥互联网和信息化技术的载体作用，优化政务服务的用户体验[12]。

在网民数量方面，截至 2016 年 12 月，中国网民规模达 7.31 亿，全年共计新增网民 4299 万，增长率为 6.2%。互联网普及率为 53.2%，较 2015 年年底提升了2.9 个百分点，超过全球平均水平 3.1 个百分点，超过亚洲平均水平 7.6 个百分点。中国网民规模已经相当于欧洲人口总量。我国手机网民规模达 6.95 亿，网民中使用手机上网的人群占比由 2015 年年底的 90.1%提升至 95.1%，较 2015 年年底增加 7550 万。网民上网设备进一步向移动端集中。随着移动通信网络环境的不断完善以及智能手机的进一步普及，移动互联网应用将更加向用户各类生活需求深入渗透[1]。

1.3　网络交易现状

中国电子商务经过 20 年的发展，市场不断优化，电商巨头阿里巴巴、京东、唯品会等纷纷赴美上市。一方面，电商由综合网络购物不断向母婴、跨境、农村等细分领域发展；另一方面，线上线下结合、企业合纵连横、大数据技术的运用，都象征着中国电子商务走向生态化发展道路。而企业不断打通生态入口、产品、服务和场景，对自身生态体系内的资源重新整合[13]。

截至 2016 年 12 月，我国网络购物用户规模达到 4.6 亿，占网民的 63.8%，增长率为 12.9%，我国网络购物市场依然保持快速、稳健增长趋势。其中，我国手机网络购物用户规模达到 4.41 亿，占手机网民的 63.4%，年增长率为 29.8%。作为 O2O 主要入口，移动端的普及为 O2O 发展起到直接的保障作用，是开展各种形式的线上线下结合的用户基础。2016 年我国购买互联网理财产品的网民规模达到 9890 万，相比 2015 年底增加用户 863 万，网民使用率为 13.5%，较 2015 年底提升 0.4 个百分点。互联网理财市场历经几年的快速发展，理财产品日益增多，用户体验持续提升，网民的线上理财习惯初步养成。截至 2016 年 12 月，我国使用网上支付的用户规模达到 4.75 亿，较 2015 年底增加 5831 万，增长率为 14%，我国网民使用网上支付的比例从 60.5% 提升至 64.9%。其中，手机支付用户规模增长迅速，达到 4.69 亿，年增长率为 31.2%，网民手机支付的使用比例由 57.7% 提升至 67.5%[1]。

截至 2016 年 12 月，网上预订机票、酒店、火车票或旅游度假产品的网民规模达到 2.99 亿，较 2015 年年底增长 396 万，增长率为 15.3%。网民使用网上预订火车票、机票、酒店和旅游度假产品的比例分别为 34.0%、15.9%、17.2% 和 7.4%。其中，手机预订机票、酒店、火车票或旅游度假产品的网民规模达到 2.62 亿，较 2015 年底增长 5189 万，增长率为 24.7%。我国网民使用手机在线旅行预订的比例由 33.9% 提升至 37.7%[1]。

艾瑞咨询最新数据显示，2016 年中国电子商务市场交易规模 5.2 万亿元，同比增长 30.8%，环比增长 12.9%。其中移动网络购物同比增长 56.1%，成为推动电子商务市场发展的重要力量。另外，B2B 市场 13.7%、在线旅游 28.4% 的同比增长共同拉动了电子商务市场交易规模增长。网络购物行业发展日益成熟，各家电商企业除了继续不断扩充品类、优化物流及售后服务外，也在积极发展跨境网络购物、下沉渠道发展农村电商。在综合电商格局已定的情况下，一些企业瞄准母婴、医疗、家装等垂直电商领域进行深耕，这些将成为网络购物市场发展新的促进点。移动网络购物市场集中度很高，阿里无线、唯品会、京东、苏宁、国美等企业也大力发展移动端，移动端占比均有提升，市场竞争较激烈[14]。

从宏观政策到企业促销，政府和企业合力推动消费升级。"十三五"规划从顶层设计明确了消费升级方向，强调以扩大服务消费为重点带动消费结构升级，引导消费朝着智能化、环保化、集约化、品质化方向发展。作为传统零售与信息消费相结合的产物，网络购物顺应了这一向新型消费升级的发展趋势。与此同时，电商平台营销方式多元化升级，从购物消费模式向服务消费模式延伸拓展。如在电脑端和移动端引入媒体元素进行兴趣导购，拓展电商媒体化功能；探索视频电商导购模式，以短视频和直播为载体深挖网红效应的经济价值等[12]。

1.4　网络交易风险

网络交易软件系统的安全风险也随着网络购物的迅猛发展而凸显出来。许多电子商务软件的技术不够成熟和可靠，存在安全漏洞，极易被外来入侵者利用，从而导致巨大的经济损失。据有关统计数据，美国每年因为网络安全问题在经济上造成的损失就达到近百亿美元，而国内的情况也不容乐观[15]。2010 年有超过 1 亿用户曾遭遇过至少一种针对网络购物的安全威胁，带来的直接经济损失突破 150 亿元，网络购物用户的人均经济损失也由 2009 年的 80 元上升至 150 元左右[16]。据中国互联网络信息中心（China Internet Network Information Center，CNNIC）统计，2011 年上半年，有 8%的网民在网络购物时遭受过经济损失，该群体规模达到 3880 万人[17]。此外，网络购物木马与钓鱼网站也严重威胁着网络购物安全。据 2011 年金山网络云安全中心统计，每天监测到的网络购物木马传播量就达到上千次，钓鱼网站更多，与 2010 年同期相比，不管是钓鱼网站服务器主机数与拦截访问次数均增加了 10 倍之多[18]。2016 年第二季度，360 互联网安全中心共拦截各类新增钓鱼网站 37.5 万个，虚假购物类网站占比为 16.2%，假冒银行占比为 8.7%，虚假购物的诈骗案例达到了 862 例，占比为 15.8%，网游交易 658 例，占比为 12.0%，虚拟商品 654 例，占比为 12.0%，金融理财 497 例，占比为 9.1%[19]。

网络交易过程中的典型案例也层出不穷，比如开源电子商务系统 NopCommerce+Paypal 的支付流程漏洞在网络交易软件系统中具有相当的典型性；2010 年 8 月，苹果公司 iTunes 组件程序的漏洞导致 iTunes 用户的 Paypal 账户被攻击，但不通过 iTunes 而直接在线购买是安全的[20]。2010 年出现了针对网络交易的新攻击方式：交易劫持[10]。黑客利用用户的合法身份，在用户正常交易的同时，产生一笔后台交易且收款方为黑客账户。在用户即将支付、付款的环节，正常交易被劫持到黑客后台交易，从而将用户的钱支付到黑客账户。黑客已经就网络购物安全威胁形成了一条完整的产业链条，集团化作战趋势越来越明显，网络购物的危险因素越来越多，欺诈手法也层出不穷，安全形势十分严峻。甚至于安全性很高的银行系统也屡次出现问题。近年来，针对银行、证券等金融行业的高级持续性威胁（advanced persistent threat，APT）不断出现。2016 年 2 月 5 日，孟加拉国央行（Bangladesh Central Bank）被黑客攻击而导致 8100 万美元被窃取[21]。综合 360 互联网安全中心各项大数据分析显示，2016 年"双十一"虚假购物类钓鱼网站制作更加精良，并且有大量钓鱼方式是通过入侵正规政府或大型企业网站制作完成的，从而大大增加了安全软件的防护难度。不仅如此，2016 年"双十一"截获的新增钓鱼网站总量较 2015 年"双十一"增长了 18.7%，360 猎网平台共接到全国用户网络诈骗举报 532 起，人均损失达 9282.8 元。金融行业网站漏洞威胁更加复杂化，不仅传统的银行、保险等金融领域，还包括新兴的第三方支付、互联网 P2P 领域也曝出不少高危漏洞[22]。

针对网络交易系统，微软研究院和印第安纳大学伯明顿分校联合研究团队，以及加州大学戴维斯分校研究团队曾做了大量的案例研究，发现了众多潜在的实际问题，并提出业务流程中的逻辑缺陷已愈发重要。图 1.1 和图 1.2 为一个真实的案例。图 1.1 为一个分布式网络交易业务流程示意图(完整具体的业务流程细节可参见相关文献)，由客户端、开源电子商务平台 NopCommerce 以及第三方支付平台 PayPal 组成。三方各自的业务流程组合成完整的网络交易流程，这样就容易导致各个主体互不了解内部状态，使整个交易过程的数据状态不一致，从而使得恶意用户有机可乘。图 1.2 为恶意用户行为流程图，在该系统中，具有合法账号的恶意用户可以扮演不同身份，打开多个会话，通过调用分布式网络交易系统的开放接口来实现自己的恶意目的，从而违反相关交易属性，例如交易完整性。最后实现的效果就是：只付一次钱，通过反复发送签名信息，得到任意多个同样价格的物品。

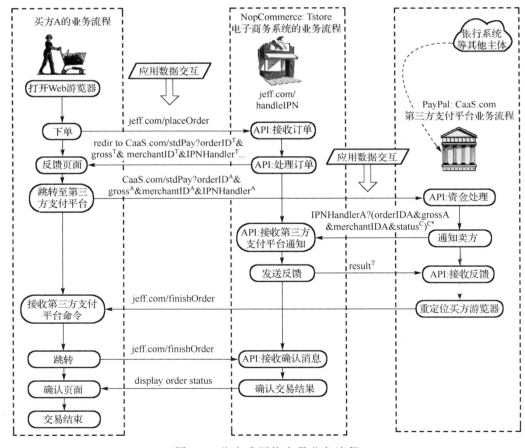

图 1.1　分布式网络交易业务流程

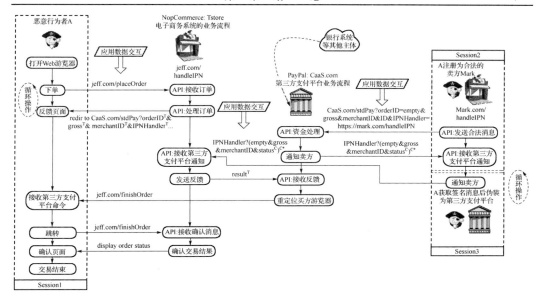

图 1.2 恶意用户行为

上述问题可以归纳为交互行为安全问题。在当今的网络交易系统中，导致交互行为安全问题的缺陷和逻辑错误存在于设计阶段和应用层的业务流程中，处于应用层的设计级别的缺陷和脆弱点已经是安全问题的一个主要来源。在系统模型设计阶段检测交易过程中的缺陷和逻辑错误，可以确保网络交易业务流程设计的安全性和可靠性。如果在系统实施之后发现错误，那么对现有系统的修改和补救将是代价高昂的，很可能会造成不可挽回的损失。在系统设计阶段，使用形式化方法进行建模和分析很有必要，基于严格的数学定义和分析可以最大限度地发现并解决问题，不仅能发现已知的缺陷，还能发现未知的缺陷，从而使系统完备性大大提高。因此，面向交互行为安全研究基于形式化方法的网络交易业务流程模型及分析方法是当前面临的重要研究课题。

1.5 风险应对措施

针对网络交易系统的风险防范问题，国内外学者和产业界围绕业务流程建模与验证，以及业务系统安全等方面做了诸多研究。

近年来，流程驱动的信息系统构建方式得到了越来越广泛的应用，业务流程模型对于软件系统的理解和准确设计有着重要的作用。其中，业务流程的重组与优化，一直是一个重要的研究方向[23]。国内外学者围绕业务流程执行语言、过程挖掘、过程实例表示、功能正确性验证做了诸多的研究[24-28]。其中，**Petri** 网这一形式化工具被广泛应用于描述业务流程，解决 Web 服务组合中因交互行为不兼容而导致的死锁问题[29,30]。Petri 网还可用于对系统进行优化控制，保证资源分配合理、流程顺畅执行[31-34]。业务流程的模型方法为网络交易系统的建模奠定了坚实的基础。

对于业务系统的安全性问题，国内外学者研究了如何将安全策略融入协作业务流程，以确保不同角色的访问控制权限与信息安全[35,36]。还有学者基于 Petri 网的可达性检测流程中的信息泄露，以确保敏感数据的安全[37]。也有学者将签名引入业务流程，以保证信息完整性与数据私密性，或是针对业务流程的安全属性进行描述和定义，从而便于在设计与开发系统时，将安全性考虑进来，尝试从软件开发的角度来保障业务系统的安全[37-41]。本书从安全策略出发，基于 Petri 网模型探索了不同交互系统的行为互模拟问题，讨论了有不同行为安全性策略而又完成相同功能的两个系统是否等价，用形式化方法刻画两个面向安全的交互式系统的行为等价性[42]；为了研究网络交易系统协同时的责任和义务问题，提出了标注 Petri 网（labeled Petri net，LaPN）模型[43]；同时，借鉴颜色网和谓词网的相关特点，提出了电子商务流程网（e-commerce business process net，EBPN）模型，用于刻画电子商务业务流程的数据属性和恶意行为，并能够发现业务流程中的校验错误和逻辑缺陷[44-46]。

在业界，将传统安全技术融入交易流程也是保障用户支付安全的普遍做法。例如，网络交易平台多采用安全套接层（secure socket layer，SSL）协议和安全电子交易（secure electronic transaction，SET）协议作为底层协议[47]。除了 SSL，目前主要第三方支付企业还采取动态随机码（one time password，OTP）和公开密钥基础设施（public key infrastructure，PKI）体系保障用户网上支付的安全。以上技术和方法主要针对身份认证、安全策略、安全协议、访问控制等传统安全问题。这些经典的安全性保障措施在网络交易过程保护方面无疑起着重要的作用。然而，网络交易系统中的交互行为安全问题源自主体之间的行为交互，用户可以在身份、权限合法的前提下，在系统行为所允许的范围内实施恶意行为。

对于网络钓鱼的防治，国内外业界和学术界也都有相关的研究[48-51]。在业界，有部署 SSL 服务器证书、GlobalSign-EVSSL 证书等数字证书的方法。也有黑白名单方法，比如 IE7.0、EarthLink 的 Scam2Block、PhishGuard、Netcraft 以及 Google SafeBrowsing on Firefox 等都使用了这种方法。阿里旺旺、腾讯 QQ、金山网盾、360 网盾、易宝支付等也都推出了相应的防钓鱼系统。在学术界，主要有针对邮件协议漏洞的方法、对比网页相似度的方法、基于面向文档模型对比的方法、判断发件人可信度的方法、URL 检测方法等。这些技术和方法主要是利用黑白名单方法、页面对比和 URL 检测等技术，这与传统防病毒软件利用特征码反病毒类似。

但是，黑名单具有一定的局限性，无法预防新的钓鱼攻击，更无法应对跨站钓鱼这种技术含量较高的钓鱼方式。

电子商务交易系统部署和调试完成之后，在其实际运行过程中要进行在线监测，实时监控用户交易行为，处理非法活动。现有的在线监测技术，主要包括基于截获器、基于面向切面编程(aspect oriented programming，AOP)、基于监测 API、基于异常处理等在线监测技术。目前在网络化软件系统的运行过程中，还采用另一种监测技术：异常行为监控处理[52,53]。异常行为监控处理机制提供了处理系统或程序运行时出现异常情况的方法，提供了异常行为监控处理机制可以采用的模式：无条件转移模式、中断模式、重试模式、恢复模式。这种机制不仅在高级程序设计语言中得到应用，近年来研究人员也开始在系统容错设计、工作流系统设计和执行、Web 服务或组件交互中引入异常处理和恢复机制。该机制是提高软件可靠性的有效手段，在错误检测、在线容错方面提供了一定的支持。

对用户行为的在线数据挖掘是及时发现欺诈事件的重要方法[54,55]。目前对用户行为信息的挖掘技术多是对一类用户进行建模，抽象出一类用户的偏好或消费习惯等行为特征。随着电子商务系统中用户个性化需求的增长，一种针对用户个体的行为、偏好等特征，对用户个体进行建模的研究逐渐被人们关注。这种方法一方面可以为用户提供更加精确的服务，另一方面也能根据用户以往的行为进行欺诈防范。

1.6 本 章 小 结

综上所述，随着互联网的飞速发展，网络交易的风险防范已成为网络交易系统亟待解决的问题。在开放的网络环境下，完整的网络交易业务流程涉及多个参与实体，多会话机制也使得业务流程中的交互行为更为复杂。网络交易多样化的系统结构和众多角色参与，使得安全风险必然随之增加。所以，对多主体多会话业务流程进行准确的刻画，对交易数据进行有效的分析，最终实现有效的风险防控，是当前所面临的一个重要挑战。国内外对该问题的研究尚处于发展阶段，因此，开展该方面的研究有望取得创新性成果。

参 考 文 献

[1] 中国互联网络信息中心. 第 39 次中国互联网络发展状况统计报告, 2017

[2] 360 互联网安全中心.2014 年中国网站安全报告, 2015.

[3] 中国互联网络信息中心. 第 35 次中国互联网络发展状况统计报告, 2015

[4]　360 互联网安全中心. 2016 年中国互联网安全报告, 2017

[5]　Wang R, Chen S, Wang X F, et al. How to shop for free online-security analysis of cashier-as-a-service based Web stores// Proceedings of the 32th IEEE Symposium on Security and Privacy, Oakland, USA, 2011: 465-480

[6]　Chen E Y, Chen S, Qadeer S, et al. Securing multiparty online services via certification of symbolic transactions// Proceedings of the 36th IEEE Symposium on Security and Privacy, San Jose, USA, 2015: 833-849

[7]　Sun F Q, Xu L, Su Z D. Detecting logic vulnerabilities in e-commerce applications// Proceedings of the 21st Network and Distributed System Security Symposium, San Diego, USA, 2014: 1-16

[8]　盘点 2012 支付安全. http://www.ebrun.com/20130107/64953_all.shtml

[9]　京东漏洞. https://baike.baidu.com/item/%E4%BA%AC%E4%B8%9C%E6%BC%8F%E6%B4%9E/6169452

[10]　交易劫持木马. http://baike.baidu.com/view/4952320.html?fromTaglist

[11]　艾瑞咨询. 中国电子商务软件行业研究报告, 2015

[12]　中国互联网络信息中心. 第 38 次中国互联网络发展状况统计报告, 2016

[13]　艾瑞咨询. 中国电商生命力报告, 2016

[14]　艾瑞咨询. 2016Q3 中国电子商务核心数据, 2016

[15]　试论电子商务面临的若干网络安全问题. http://b2b.toocle.com/detail--6008854.html

[16]　2010 年中国网络购物安全报告. http://b2b.toocle.com/detail--5572682.html

[17]　中国互联网络信息中心. 第 28 次中国互联网络发展状况统计报告, 2011

[18]　2011 年上半年中国网络购物安全报告. http://www.ijinshan.com/download/2011zgwlgwaqbg.pdf

[19]　360 公司. 2016 年第二季度网络诈骗趋势研究报告, 2016

[20]　苹果公司 iTunes 组件程序的漏洞. https://cn.aliyun.com/zixun/content/2_6_822916.html

[21]　360 公司. 针对银行 SWIFT 系统攻击事件综合分析, 2016

[22]　360 公司. 2016 年双十一中国网购安全专题报告, 2016

[23]　Yousfi A, de Freitas A, Dey A K, et al. The use of ubiquitous computing for business process improvement. IEEE Transactions on Services Computing, 2016, 9(4): 621-632

[24]　Hertis M, Juric M B. An empirical analysis of business process execution language usage. IEEE Transactions on Software Engineering, 2014, 40(8): 738-757

[25]　Kunze M, Weidlich M, Weske M. Querying process models by behavior inclusion. Software and Systems Modeling, 2015, 14(3): 1105-1125

[26]　Appice A, Malerba D. A co-training strategy for multiple view clustering in process mining. IEEE Transactions on Services Computing, 2016, 9: 832-845

[27] 宋亮, 闻立杰, 建民, 等. 基于完全有限前缀的过程实例表示图的分解. 清华大学学报: 自然科学版, 2014, 54(4): 490-494

[28] 张琛, 段振华, 田聪, 等. 分布式软件系统交互行为建模、验证与测试. 计算机研究与发展, 2015, 52(7): 1604-1619

[29] van der Aalst W. Service mining: using process mining to discover, check, and improve service behavior. IEEE Transactions on Services Computing, 2013, 6(4): 525-535

[30] Du Y H, Li X T, Xiong P C. A Petri net approach to mediation-aided composition of Web services. IEEE Transactions on Automation Science and Engineering, 2012, 9(2): 429-435

[31] 焦莉, 陆维明. 基于共享位置的 Petri 网系统综合与保性. 计算机学报, 2007, 30(3): 352-360

[32] 毕敬, 朱志良, 范玉顺. Web 服务组合中行为兼容性分析与优化控制策略. 电子学报, 2011, 39(12): 2842-2849

[33] Zeng Q T, Lu F M, Liu C, et al. Modeling and verification for cross-department collaborative business processes using extended Petri nets. IEEE Transactions on Systems, Man, and Cybernetics: Systems, 2015, 45(2):349-362

[34] 王晶, 胡昊, 余萍, 等. 结合公共视图和对象 Petri 网的跨组织流程建模. 计算机科学与探索, 2014, 8(1): 18-27

[35] Badr Y, Biennier F, Tata S. The integration of corporate security strategies in collaborative business processes. IEEE Transactions on Services Computing, 2011, 4(3): 243-254

[36] Li X, Xue Y. A survey on server-side approaches to securing Web applications. ACM Computing Surveys (CSUR), 2014, 46(4)

[37] Accorsi R, Lehmann A, Lohmann N. Information leak detection in business process models: theory, application, and tool support. Information Systems, 2015, 47: 244-257

[38] Hoon W L, Kerschbaum F, Wang H X. Workflow signatures for business process compliance. IEEE Transactions on Dependable and Secure Computing, 2012, 9(5): 756-769

[39] Ben O L. Angin P, Weffers H, et al. Extending the agile development process to develop acceptably secure software. IEEE Transactions on Dependable and Secure Computing, 2014, 11(6): 497-509

[40] 布宁, 刘玉岭, 连一峰, 等. 一种基于 UML 的网络安全体系建模分析方法. 计算机研究与发展, 2014, 51(7): 1578-1593

[41] Bentounsi M, Benbernou S, Atallah M J. Security-aware business process as a service by hiding provenance. Computer Standards & Interfaces, 2016, 44: 220-233

[42] Liu G J, Jiang C J. Secure bisimulation for interactive systems. Lecture Notes in Computer Science, 2015, 9530: 625-639

[43] Du Y Y, Jiang C J, Zhou M C, et al. Modeling and monitoring of e-commerce workflows. Information Science, 2009, 179(7): 995-1006

[44] Yu W Y, Yan C G, Ding Z J, et al. Modeling and validating e-commerce business process based on Petri nets. IEEE Transactions on Systems, Man, and Cybernetics: Systems, 2014, 44(3): 327-341

[45] Yu W Y, Yan C G, Ding Z J, et al. Modeling and verification of online shopping business processes by considering malicious behavior patterns. IEEE Transactions on Automation Science and Engineering, 2016, 13(2): 647-662

[46] Yu W Y, Yan C G, Ding Z J, et al. Analyzing e-commerce business process nets via incidence matrix and reduction. IEEE Transactions on Systems, Man, and Cybernetics: Systems, 2016, (99): 1-12

[47] 肖茵茵, 苏开乐, 马震远, 等. 实例化空间逻辑下的 SET 支付协议验证及改进. 华中科技大学学报: 自然科学版, 2013, 41(7): 97-102

[48] Ren Q, Mu Y, Susilo W. An email system for anti-phishing// Proceedings of the 6th IEEE/ACIS International Conference on Computer and Information Science, Australia. Hoboken: IEEE Press, 2007

[49] Ma L P, Torney R, Watters P, et al. Automatically generating classifier for phishing email prediction// Proceedings of the 10th International Symposium on Pervasive Systems, Algorithms, and Networks, 2009, DEC 14-16, Kaoshiung, Taiwan

[50] He M X, Horng S J, Fan P Z, et al. An efficient phishing webpage detector. Expert Systems with Applications, 2011, 38(10): 12018-12027

[51] Zhang Y, Hong J I, Cranor L F. Cantina: a content-based approach to detecting phishing Web sites. International Conference on World Wide Web, 2007: 639-648

[52] Shah H B, Gorg C, Harrold M J. Understanding exception handling: viewpoints of novices and experts. IEEE Transactions on Software Engineering, 2010, 36(2): 150-161

[53] Brito P H S, de Lemos R, Rubira C M F, et al. Architecting fault tolerance with exception handling: verification and validation. Journal of Computer Science and Technology, 2009, 24(2): 212-237

[54] Wang S. A Comprehensive survey of data mining-based accounting-fraud detection research. // Proceedings of the 2010 International Conference on Intelligent Computation Technology and Automation (ICICTA'10), Changsha, China

[55] Wang Y T, Lee A J T. Mining Web navigation patterns with a path traversal graph. Expert Systems with Applications, 2011, 38(6): 7112-7122

第二章　基　本　知　识

2.1　引　　言

随着科学技术的高速发展，人类社会进入到信息化时代，网络技术发生了根本性的变革，出现了一大批高新技术领域，具代表性的如 Web Service、网格计算、云计算、大数据技术等。基于这些先进技术，诞生了网络交易、搜索引擎、在线通信等新兴互联网产业和相关的信息系统。该类系统的庞大和复杂，使得其行为的规划、调度和控制极为困难。为此，这类系统已成为近些年来系统科学和计算机科学中极富挑战性的研究课题。其中，对信息系统进行形式化的分析和验证是近些年来重要的研究领域。基于严格的数学定义和分析可以最大限度地发现并解决问题，不仅能发现已知的缺陷，还能发现未知的缺陷，从而使得系统完备性大大提高。几十年间，相继出现了自动机模型、Petri 网模型、业务流程模型、马尔可夫过程等形式化模型与理论。密码学和动态随机码也广泛应用于网络交易系统中。

2.2　自　　动　　机

自动机理论是 20 世纪 50 年代发展起来的，70 年代逐渐成熟的一门学科。自动机是计算机和计算过程的动态数学模型，用来研究计算机的体系结构、逻辑操作、程序设计乃至计算复杂性理论。自动机是计算机科学的重要基石，是一种应用非常广泛的软件设计模式，起初作为计算机的一个重要分支在编译系统、模式识别等方面得到广泛应用。自 80 年代以来，自动机在控制科学、系统科学中也得到广泛应用。目前，自动机这一术语也广泛出现在许多其他相关学科中，分别有不同的内容和研究目标。自动机可以分为确定有限自动机(DFA)、非确定有限自动机(NFA)、有 ε 转移的非确定有限自动机(FND-ε 或 ε-NFA)、元胞自动机等。下面给出几个基本定义[1-5]。

定义 2.1　称 FSM $= (\varSigma, Q, \delta, q_0, Q_m)$ 为有限状态自动机，当且仅当：

(1) $\varSigma$ 为有限事件集合；

(2) Q 为有限状态集合；

(3) $\delta : Q \times \Sigma \to Q$ 为状态移函数；

(4) $q_0 \in Q$ 为初始状态；

(5) $Q_m \subseteq Q$ 为识别状态集合。

定义 2.2 称四元组 $G = (N_F, N_T, \Gamma, S_0)$ 是一个文法，当且仅当：

(1) N_F, N_T 为有限集，分别称作终结符集和非终结符集，且 $N_F \cap N_T = \varnothing$；

(2) Γ 是个有限集，称作产生式集，产生式形如

$$\alpha \beta \gamma \to \omega$$

其中

$$\alpha, \gamma, \omega \in (N_F \cup N_T)^*, \quad \beta \in N_F$$

(3) $S_0 \in N_F$，称 S_0 为起始符。

定义 2.3 设文法 $G = (N_F, N_T, \Gamma, S_0)$，若：

(1) Γ 中产生式不受限，则称 G 为短语结构文法（0 型文法）；

(2) $\forall \alpha \to \beta \in \Gamma$，都有 $|\alpha| \leqslant |\beta|$，则称 G 为上下文有关文法（1 型文法），记作 CSG；

(3) $\forall \alpha \to \beta \in \Gamma$，都有 $A \to \beta$，$A \in N_F$，$\beta \in (N_F \cup N_T)$，则称 G 为上下文无关文法（1 型文法），记作 CFG；

(4) $\forall \alpha \to \beta \in \Gamma$，都有 $A \to \delta$，或 $A \to \delta B, \delta \in N_T^*, A \in N_F, B \in N_F$，则称 G 为正规文法，记作 RG。

定义 2.4 设 $\text{FSM} = (\Sigma, Q, \delta, q_0, Q_m)$ 为有限状态自动机，令

$$L(\text{FSM}) = \{\sigma \mid (\sigma \in \Sigma^*) \wedge (\delta(\sigma, q_0) \text{ 有定义} \}$$

和

$$L_m(\text{FSM}) = \{\sigma \mid (\sigma \in \Sigma^*) \wedge \delta(\sigma, q_0) \in Q_m\}$$

则称 $L(\text{FSM})$ 和 $L_m(\text{FSM})$ 分别为 FSM 的语言和识别语言。

2.3 Petri 网

Petri 网是异步并发系统建模与分析的一种重要工具，它是由德国科学家 Petri 教授于 1962 年在其博士论文中首先创立的，后流传于欧美一些国家，现已在全世界许多国家得到重视，成为计算机界、自动化界的热门研究课题。自 Petri 教授开创性的工作之后，网论得到了长足进展，至今已形成了相当规模的研究领域。在理论方面，也建立了一些分析技术，包括基于状态方程和代数分析技术、基于可覆盖树（图）的图分析技术、基于化简分解的归纳分析技术[6-11]。其形式化描述如下。

定义 2.5 三元式 $N = (P, T; F)$ 称做网，当且仅当：

(1) $P \cup T \neq \varnothing$，$P \cap T = \varnothing$；

(2) $F \subseteq (P \times T) \cup (T \times P)$；

(3) $\mathrm{dom}(F) \cup \mathrm{cod}(F) = P \cup T$。

$\forall x \in P \cup T$，称

$$^{\bullet}x = \{y \mid (y \in P \cup T) \wedge ((y, x) \in F)\}$$

和

$$x^{\bullet} = \{y \mid (y \in P \cup T) \wedge ((x, y) \in F)\}$$

分别为 x 的前置集和后置集。

定义 2.6 四元式 $\mathrm{PN} = (P, T; F, M_0)$ 称作 Petri 网，当且仅当：

(1) $N = (P, T; F)$ 是一个网；

(2) $M : P \to Z$（非负整数集）为标识函数，其中 M_0 是初始标识（或初始状态）；

(3) 引发规则

① 变迁 $t \in T$ 称为状态 M 下使能的，当且仅当 $\forall p \in {}^{\bullet}t : M(p) \geq 1$，记作 $M[t >$；

② 在 M 下是使能的，变迁 t 可以引发，引发后得到后继标识 M，则

$$M^{'}(p) = \begin{cases} M(p) + 1, & p \in t^{\bullet} - {}^{\bullet}t \\ M(p) - 1, & p \in {}^{\bullet}t - t^{\bullet} \\ M(p), & \text{否则} \end{cases}$$

记作 $M[t > M^{'}$。

设 M 是 Petri 网 PN 的一个状态，若 $\exists t_1, t_2 \in T$，使得

$$M[t_1 > \wedge M[t_2 >$$

则当

(1) $M[t_1 > M_1 \to M_1[t_2 > \wedge M[t_2 > M_2 \to M_2[t_1 >$ 时，称 t_1, t_2 在 M 下并发；

(2) $M[t_1 > M_1 \to \neg M_1[t_2 > \wedge M[t_2 > M_2 \to \neg M_2[t_1 >$ 时，称 t_1, t_2 在 M 下冲突。

对于 M，若 $\exists \alpha \subseteq T$，记 ${}^{\bullet}\alpha = \bigcup_{t \in \alpha} {}^{\bullet}t$，对 $\forall p \in {}^{\bullet}\alpha : M(p) \geq \sum_{t \in p^{\bullet} \cap \alpha} 1$，则称 α 在 M 下是使能的，α 为一个并发步。

在 PN 中，如果 $\exists M_1, M_2, \cdots, M_k$ 使得

$$\forall 1 \leq i \leq k, \ \exists t_i \in T : M_i[t_i > M_{i+1}$$

则称变迁序列 $\sigma = t_1 t_2 \cdots t_k$ 在 M_1 下是使能的，M_{k+1} 从 M_1 可达的，记作 $M_1[\sigma > M_{k+1}$。

记 $R(M_0)$ 为 Petri 网 PN 的从 M_0 可达的所有状态集合，则称 $R(M_0)$ 为 Petri 网

PN 的可达状态集合。为了便于引入代数方法对 Petri 网进行分析，可以用矩阵来表示网的结构，用向量来描述网的状态。一个 Petri 网 PN 的结构可以用一个关联矩阵 $C = [c_{ij}]_{n \times m}$ 表示，其中 $m = |P|, n = |T|$，并且

$$c_{ij} = \begin{cases} 1, & p_j \in t_i^{\bullet} - {}^{\bullet}t_i \\ -1, & p_j \in {}^{\bullet}t_i - t_i^{\bullet} \\ 0, & \text{否则} \end{cases}$$

PN 的一个状态 M 可以用一个非负整数的 m 维向量表示（$M(i) = M(p_i)$），仍记作 M。

若 $\sigma \in T^*, \exists M \in R(M_0): M[\sigma >$，记 $\#(t / \sigma)$ 为 t 在 σ 中出现的个数，令

$$X(i) = \#(t_i / \sigma), \quad i \in \{1, 2, \cdots, n\}$$

则称向量 X 为发射序列 σ 的发射向量，为方便起见，有时也记 $\underline{\sigma}$ 为 α 的发射向量。

如果 $M[\sigma > M', M, M' \in R(M_0), \sigma \in T^*$，则称

$$M = M_0 + C^T X$$

为 Petri 网 PN 的状态方程。

Petri 网的另一种分析方法是建立在可达图（或可覆盖树）的概念基础上。对于有界 Petri 网，由于可达状态（或称可达标识）集 $R(M_0)$ 是一个有限集，可以用一个有向图 $\text{RMG(PN)} = (V, E, f)$ 来描述该网的状态变化情况。其中 $V = R(M_0)$，对于 $M_i, M_j \in R(M_0)$，若存在 $t \in T$，使得 $M_i[t > M_j$，则从结点 M_i 到 M_j 画一条有向边，即 $(M_i, M_j) \in E$，并在这条边旁标以 t，即 $f((M_i, M_j)) = t$。

对于无界 Petri 网，由于 $R(M_0)$ 不是一个有限集，需要引入可覆盖树的概念。可覆盖树是用有限树图的形式反映 Petri 网的状态变化情况的一些规律，但也引起了某些重要信息的丢失。

Petri 网的结构性质是刻画系统结构方面的特征，研究的对象实际上是网 $N = (P, T; F)$ 所具有的一些性质，可以用线性代数的方法加以分析，主要借助 Petri 网的状态方程进行研究。要讨论的结构性质主要有：结构有界性、守恒性、可重复性、相容性、$S(T)$-不变量和公平性。

定义 2.7 称网 $N = (P, T; F)$ 是结构有界的，当且仅当对于 N 的任意初始状态 M_0，$\text{PN} = (P, T; F, M_0)$ 都是有界的。

定义 2.8 称网 $N = (P, T; F)$ 是守恒的，当且仅当存在位置集的一个权函数 $Y: P \to Z$（非负整数集），使得对于 N 的任意初始状态 M_0 和任意 $M \in R(M_0)$，都有 $\sum_{i=1}^{m} Y(p_i) M(p_i) = \sum_{i=1}^{m} Y(p_i) M_0(p_i) = $ 常数。

定义 2.9 称网 $N = (P,T;F)$ 是可重复的，当且仅当 N 存在一个初始状态 M_0 和一个变迁序列 σ，使得 $M_0[\sigma > M_0$，而且对任意的 $t \in T$，都是 $\#(t/\sigma) = \infty$。

定义 2.10 称网 $N = (P,T;F)$ 是相容的，当且仅当 N 存在一个初始状态 M_0 和一个变迁序列 σ，使得 $M_0[\sigma > M_0$，而且对任意的 $t \in T$，都是 $\#(t/\sigma) \geqslant 1$。

定义 2.11 设网 $N = (P,T;F)$，称 m 维非零非负整数向量 Y 是 N 的 S-不变量，当且仅当 $CY = 0$。令 $\|Y\| = \{p_i \mid p_i \in P \text{ 且 } Y(i) \neq 0\}$，则称 $\|Y\|$ 是 N 的 S-不变量 Y 的支柱。

定义 2.12 网 $N = (P,T;F)$，称 n 维非零非负整数向量 X 是 N 的 T-不变量，当且仅当 $CY = 0$。令 $\|X\| = \{t_i \mid t_i \in T \text{ 且 } X(i) \neq 0\}$，则称 $\|X\|$ 是 N 的 T-不变量 X 的支柱。

定义 2.13 称 Petri 网 $PN = (P,T;F,M_0)$ 是公平的，当且仅当

$$\forall t_1, t_2 \in T, \ \exists k > 0, \text{对 } \forall M \in R(M_0), \forall \sigma \in T^*$$

都有

$$M[\sigma > \wedge \#(t_i/\sigma) = 0 \to \#(t_j/\sigma) < k, \text{其中 } i, j \in \{1,2\}, \ i \neq j$$

Petri 网的动态性质是刻画系统动态运行的特征，研究的对象是 Petri 网 $PN = (P,T;F,M_0)$ 所具有的一些与初始状态 M_0 有关的性质。到目前为止，一般都是基于可达图(或可覆盖树)加以分析。要研究的动态性质主要有有界性、活性、回归性和一些语言性质。

定义 2.14 称 Petri 网 $PN = (P,T;F,M_0)$ 是有界的(安全的)，当且仅当

$$\forall M \in R(M_0), \ \forall p \in P, \ \exists k \geqslant 0$$

使得 $M(p) \leqslant k \ (k = 1)$。

定义 2.15 称 Petri 网 $PN = (P,T;F,M_0)$ 是活的，当且仅当

$$\forall t \in T, \forall M \in R(M_0), \exists M' \in R(M)$$

使得 $M'[t >$。

定义 2.16 称 Petri 网 $PN = (P,T;F,M_0)$ 是回归的，当且仅当

$$\forall M \in R(M_0), \exists \sigma \in T^*$$

使得 $M[\sigma > M_0$。

定义 2.17 称七元组 $HPN = (P,T;F,M_0,\Sigma,h,G_f)$ 为一个标号 Petri 网，当且仅当：

(1) $PN = (P,T;F,M_0)$ 是一个 Petri 网；

(2) Σ 是有限字符集；

(3) $h: T \to \Sigma$ 为标识函数；

(4) $G_f \subseteq R(M_0)$ 为语言的终态集合。

定义 2.18 设 $HPN = (P,T;F,M_0,\Sigma,h,G_f)$ 为一个标号 Petri 网，令

$$L(\text{HPN}) = \{h(\sigma) \in \Sigma^* \big| (\sigma \in T^*) \wedge (M_0[\sigma > M) \wedge (M \in G_f)\}$$

和

$$L'(\text{HPN}) = \{h(\sigma) \in \Sigma^* \big| (\sigma \in T^*) \wedge (M_0[\sigma > M) \wedge (\exists M' \in G_f) \wedge (M \geqslant M')\}$$

则

（1）称 $L(\text{HPN})$ 是 HPN 的 L -型 Petri 网语言；

（2）称 $L'(\text{HPN})$ 是 HPN 的 G -型 Petri 网语言；

（3）若 $G_f = \{M \in R(M_0) \big| \forall t \in T : \neg M[t >\}$ ，称 $L(\text{HPN})$ 是 HPN 的 T -型 Petri 网语言；

（4）若 $G_f = R(M_0)$ ，称 $L'(\text{HPN})$ 是 HPN 的 P -型 Petri 网语言。

2.4 业 务 流

随着信息技术的不断发展和企业信息化的不断推进，基于业务流的系统分析与设计受到了越来越多的重视，面向 SOA 的体系架构也是近些年的研究热点之一。业务流具有服务组合、服务编排及并发处理的能力，强调面向服务的企业级端到端业务流程管理。主要用于跨系统、跨部门的企业系统[12]。业务流管理的重点在于业务梳理及优化分析，着眼于业务建模、组合、接口转换及管理；以业务为中心，关注全局业务价值及服务重用，适应于系统业务重组和优化。在业务流中，流程与业务数据关联更加紧密，在流程接口调用不同的服务时，能够进行系统间关联和协调，以确保事务的完整性。业务流的系统接口主要针对外部异构应用系统，适合企业级系统与系统间标准化的交互整合与协作[13-16]。

业务流程管理模型应该有一个形式化描述基础，形式化的方法能够清晰地描述问题，不存在含糊不清的表述，可以为分析流程提供严格的数学化基础。原型 Petri 网是德国科学家 Petri 在 20 世纪 60 年代提出来的，在此后的几十年中，Petri 网理论得到了极大的丰富，并被广泛地应用于许多研究领域，如协议工程、柔性制造系统、业务处理等。Petri 网既有直观的图形表示，又具有严谨的形式化语言基础。原型 Petri 网有三种组成元素：变迁、库所，而有向边表示两种元素之间的关系。高级 Petri 网都有形式化的语义定义，一个 Petri 网模型加上相应的语义就能描述一个业务流程。有些流程建模方法侧重于描述系统状态的变化，如状态自动机；有些建模方法是基于系统中发生的事件，如进程代数。Petri 网能够同时显式地描述系统状态和事件，选样便于对系统进行理解和分析。Petri 网模型拥有丰富的系统分析技术，如不变量(invariance)、活性(liveness)、有界性(boundness)、安全性(safety)等分析方法，也可以计算系统的性能，如响应时间、等待时间、资源利用率等[16]。

BPMI 推出了业务流程建模语言（business process modeling language，BPML）和业务流程查询语言（business process query language，BPQL）两个标准，分别作为流程建模和流程模型访问的标准接口，并在此基础上提出了业务流程框架。业务流程管理系统（business process management system，BPMS）的系统架构如图 2.1 所示。

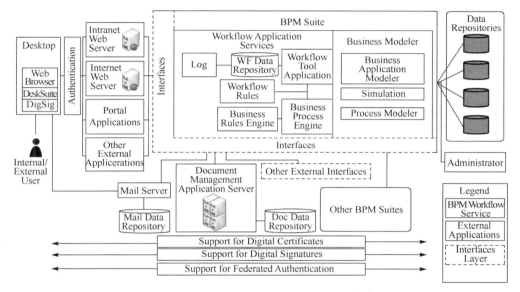

图 2.1　业务流程管理系统的系统架构[15]

业务流程建模所需的技术框架 BPML 是基于 XML 的模型描述语言，它将业务流程描述成控制流、数据流和事件流的结合，在此基础上还可以在业务流程中添加业务规则、安全规则和事务管理等特性。与传统的流程建模语言相比，它具有描述"端到端"流程的能力。这样，可以从多个参与者的角度来审视流程模型。另外，BPML 以 Pi-Calculus 作为其数学基础，这种形式化描述赋予了 BPML 在一致性检查、防止死锁、瓶颈检测和流程优化等方面较强的能力[13-16]。

2.5　马尔可夫过程

在概率论和统计学中，马尔可夫过程（Markov process）是研究离散事件动态系统状态空间的重要方法，它的数学基础是随机过程理论。它的原始模型马尔可夫链由俄国数学家马尔可夫于 1907 年提出[17-19]。

马尔可夫过程在建模过程中，设定模型状态具有马尔可夫性（Markov

property），进而简化分析复杂度。其中，离散时间马尔可夫链（discrete time Markov chain，DTMC）应用较为广泛，可用于网络交易系统的行为分析。以离散时间马尔可夫链为例，马尔可夫性表明了以下条件概率关系

$$\Pr(T_{n+1}=q_{n+1}|T_1=q_1, T_2=q_2, \cdots, T_n=q_n)=\Pr(T_{n+1}=q_{n+1}|T_n=q_n)$$

式中，$T_i, i \in [1, n+1]$ 为模型所在的时刻，$q_k, k \in [1, n+1]$ 为模型在时间 k 时的状态 q_k。

马尔可夫性简化了求 T_{n+1} 时刻模型所在状态条件概率的计算复杂度，使其仅依赖于当前时刻 T_n 的状态 q_n，而与 $T_1, T_2 \cdots, T_{n-1}$ 时刻的状态条件独立，因而马尔可夫性也称为无记忆性（memorylessness）。一阶马尔可夫链在简化计算的同时，丢弃了 $T_1, T_2, \cdots, T_{n-1}$ 时刻状态对 T_{n+1} 时刻状态提供的信息量，因而会降低 T_{n+1} 时刻条件概率估计的准确性。但在实际随机过程模拟应用中，马尔可夫性可使构建的模型简单而高效。

离散时间马尔可夫链认为时间是以一个单位逐渐递增的，具体到是一分钟还是一小时，模型并不考虑。因而在考虑到模型在每个状态驻留时间的情况下，连续时间马尔可夫链（continuous time Markov chain，CTMC）用来建模非均衡驻留时间的随机过程，其中每个状态的驻留时间用指数分布拟合。

离散时间马尔可夫链由三元组 $M = (Q, A, \pi)$ 定义，其中 Q 为模型可观测状态集合 $Q = \{q_1, q_2, \cdots, q_m\}$，$m$ 为集合中不同状态的个数，即 $m = |Q|$；$A \in R^{m \times m}$ 为 Q 中 m 个状态的转移概率矩阵，满足 $\sum A_i = 1$；$\pi \in R^{m \times 1}$ 为初始时刻模型在 m 状态的概率分布。

2.6　隐马尔可夫模型

隐马尔可夫模型（hidden Markov model，HMM）是马尔可夫链的一种，它用来描述一个含有隐含未知参数的马尔可夫过程。隐马尔可夫模型在原有马尔可夫链的基础上增加了一层隐藏状态，用来模拟不可观察信息对随机过程的影响。在正常的马尔可夫模型中，状态对于观察者来说是直接可见的。这样状态的转换概率便是全部的参数。而在隐马尔可夫模型中，状态并不是直接可见的，但能通过观测向量序列观察到，每个观测向量都是通过某些概率密度分布表现为各种状态，每一个观测向量是由一个具有响应概率密度分布的状态序列产生。因此输出符号的序列能够反映出状态序列的一些信息。其难点是从可观察的参数中确定该过程的隐含参数，然后利用这些参数来作进一步分析，例如模式识别[20]。

隐马尔可夫模型是双重随机过程，具有一定状态数的隐马尔可夫链和显示随

机函数集。其中一个随机过程是有限状态马尔可夫链，它描述状态转移；另一个随机过程描述状态与观测值之间的统计对应关系。在这里，状态值和观测值服从某种概率分布。

于是，隐马尔可夫模型可以表示成一个五元组 HMM$(\Omega_X, \Omega_O, A, B, \pi)$，其中：

(1) $\Omega_X = \{X_1, \cdots, X_N\}$ 是隐马尔可夫模型隐含状态的有限集合，N 为隐含状态的总数，S_i 表示隐马尔可夫模型在 t 时刻的隐含状态，S_i 的值为集合中的一个元素。

(2) $\Omega_O = \{O_1, \cdots, O_M\}$ 是隐马尔可夫模型观察值的有限集合，M 为所有出现的观察值总数，每一个观察值对应于系统的一个可能的输出值。

(3) $A = \{a_{i,j}\}, i, j \in [1, n]$ 为状态转移概率矩阵（这里只考虑一阶隐马尔可夫模型），$a_{i,j} = P(X_{t+1} = q_j \mid X_t = q_i)$ 表示 t 时刻隐马尔可夫模型由状态 q_i 转移到 q_j 的概率。

(4) $B = \{b_{i,j}(k)\}$ 为观察值序列中任一观察值在各状态的观察概率空间中分布的概率矩阵，其中 $b_{i,j}(k)$ 表示隐马尔可夫模型从状态 q_i 转移到 q_j 时产生观察值 O_k 的概率。假设以 $X = (X_1, \cdots, X_t)$ 表示一个隐马尔可夫模型观察值序列，则可以表示为 $b_{i,j}(k) = P(X_t = O_k \mid S_{t-1} = q_i, S_t = q_j)$。

(5) $\pi = \{\pi_1, \cdots, \pi_n\}, \pi_1 = P(X_1 = q_j)$ 为隐马尔可夫模型的初始状态分布，即在 $t = 0$ 时刻模型中各状态的分布概率。

训练、解码和评估是隐马尔可夫模型的三个基本问题，训练是指给定观测值序列 O，确定模型参数 $\lambda = (A, B, \pi)$，使得 $P(O \mid \lambda)$ 最大。由于需要计算的概率比较多，因此利用动态规划思想，具体为前向法和后向法。解码是指在给定的 λ 和 O 的情况下，求使 $P(q \mid O, \lambda)$ 最大的状态序列 q（常用 Viterbi 算法）。评估则是指在给定模型参数 λ 的情况下，求观测值序列 O 的出现概率 $P(O \mid \lambda)$。

同时，经常使用 Baum-Welch 算法作为模型的训练算法，具体算法步骤如下：

第一步，确定初始模型（待训练模型）λ_0；

第二步，基于 λ_0 以及观察值序列 O，训练新模型 λ；

第三步，如果 $\log P(X \mid \lambda) - \log P(X \mid \lambda_0) < \Delta$，说明训练已经达到预期效果，则算法结束；

第四步，如果算法没有结束，令 $\lambda_0 = \lambda$，继续第二步的工作。

2.7　密　　码

密码是一种用来混淆的技术，它希望将正常的（可识别的）信息转变为无法识别的信息。密码在中文里是"口令"（password）的通称[21]。登录网站、电子邮箱和银行取款时输入的"密码"其实严格来讲应该仅被称作"口令"，也可以称为秘密的号码。密码加密方法主要包括 RSA 算法、ECC 加密法、二方密码、三分密码、四方密码、波雷费密码等[22-28]。密码主要分为以下几类：

(1)动态随机码(one time password，OTP)[29]。又称动态密码或单次有效密码，是指计算机系统或其他数字装置上只能使用一次的密码。在认证过程中，有效期为一次登录会话或交易，下次认证时则更换使用另一个口令(详见 2.8 节)。

(2)个人标识码(personal identification number，PIN)[30]。即个人密码，是在联机交易中识别持卡人身份合法性的数据信息，在计算机和网络系统中的任何环节都不允许以明文方式出现。

(3)联机 PIN 验证(online PIN verification)。一种持卡人身份的验证方式，该方式将加密后的 PIN 值通过授权请求报文发送至发卡行，通过比较报文中 PIN 值与发卡行 PIN 值是否一致来验证持卡人身份。

(4)报文鉴别码(message authentication code，MAC)。用来完成消息来源正确性鉴别，防止数据被篡改或非法用户窃入数据。

(5)双因子认证(two-factor authentication，2FA)。除静态密码外，采用动态密码、数字证书等技术，通过双重认证的方式加强身份管理的认证方式。

(6)数字证书(digital certificate)[31]。由认证中心签名的不可伪造的某个实体的公钥信息。

(7)数字签名(digital signature)[32]。一种特殊的加密算法，数据接收者能够借此确认数据的来源和完整性，避免数据被第三方篡改，数据发送者也可以借此确保数据不会被接收者篡改。

2.8　动态随机码

动态随机码(也称动态密码)作为一种身份认证形式，目前已经被越来越多的行业应用，已成为身份认证技术的主流，在全球银行业得到了广泛的应用，国内外从事动态随机码研发的企业也越来越多。

动态随机码是根据专门的算法生成一个不可预测的随机数字组合，一般为六位或八位。每个动态随机码只能使用一次，目前被广泛运用在网银、网游、电信、电子政务等应用领域。动态随机码是一种安全便捷的账号防盗技术，可以有效保护交易和登录的认证安全。相对于静态密码，动态随机码最突出的优点是不容易受到重演攻击(replay attack)。动态随机码避免了一些与传统基于(静态)密码认证相关联的缺点；一些实用技术还纳入了双因素认证，如内建动态随机码的密码产生器或个人标识码。目前用于生成动态随机码的终端有硬件令牌、短信、手机令牌、软件令牌等。国内银行最早颁发给用户的网银密码产生器就是硬件令牌，比如电子口令卡。当前最主流的终端是基于时间同步的硬件口令牌，每 60 秒变换一次动态口令，动态口令一次有效。

随着移动互联网的快速发展，设备间的同步能力大幅提升，以前依赖独立设备的动态随机码生成技术很快演变成了手机短信动态密码（SMS dynamic code，又称短信密码）。短信密码是后台系统以手机短信形式发送到用户绑定手机上的动态随机码，包含六位或更多位随机数的动态随机码，用户通过回复该动态随机码进行身份认证，从而确保系统身份认证的安全性。动态随机码是根据专门的算法每隔一段时间生成一个不可预测的随机数字组合，每个动态随机码只能使用一次。用户进行认证时候，除输入账号和静态密码外，必须输入动态随机码，只有通过系统验证，才可以正常登录或者交易，从而有效保证用户身份的合法性和唯一性。其最大的优点在于，用户每次使用的动态随机码都不相同，使得不法分子无法仿冒合法用户的身份[33-36]。手机令牌是一种手机客户端软件，基于时间同步方式，动态随机码生成过程不产生通信及费用，具有使用简单、安全性高、低成本、无需携带额外设备等优势，是移动互联网时代动态随机码身份认证发展的重要趋势。

动态随机码身份认证目前主要有基于时间同步机制、基于事件同步机制和基于挑战/应答（异步）机制三种技术模式。动态随机码的产生方式主要是以时间差作为服务器与密码产生器的同步条件，在需要登录的时候，就利用动态随机码产生器产生动态随机码。动态随机码一般分为计次使用以及计时使用两种。计次可在不限时间内使用，每使用一次，计数器加一，然后再生成新的动态随机码。一般计次动态随机码基于 HOTP 算法（an HMAC-based one time password algorithm），这是一种基于事件计数的一次性动态随机码生成算法[35]。计时方法可以设定动态随机码有效时间，从 30 秒到 2 分钟不等，而动态随机码在进行认证之后即废弃不用，下次认证必须使用新的动态随机码，其核心算法为 TOTP 算法（time-based one time password algorithm），该算法基于 HOTP 算法，核心是将移动因子从 HOTP 算法中的事件计数改为时间差[36]。

2.9　本　章　小　节

如何保障网络交易系统的安全可信，是近年来的热点问题。本章综述了与网络交易系统相关的一些基本技术和方法，包括形式化方法，比如自动机、Petri 网等。基于形式化方法可以较为完备地对交易系统进行建模和验证。马尔可夫过程也可以用于对交易状态的转换过程进行建模和分析。对于业界常用的一些身份认证技术，本章也进行了一些简单的介绍。

参 考 文 献

[1]　Eilenberg S, Tilson B. Automata, Languages, and Machines. New York: Academic Press, 1974

[2]　Wolfram S. Theory and Applications of Cellular Automata. Singapore: World Scientific, 1986

[3]　Minsky M L. Computation: Finite and Infinite Machines. Englewood: Prentice-Hall, 1967

[4]　陈文字、欧齐，程炼. 形式语言和自动机. 北京: 人民邮电出版社, 2005

[5]　Antimirov V. Partial derivatives of regular expressions and finite automaton constructions. Theoretical Computer Science, 1996, 155(2): 291-319

[6]　吴哲辉. Petri 网导论. 北京: 机械工业出版社, 2006

[7]　吴哲辉. 有界 Petri 网的活性和公平性的分析与实现. 计算机学报, 1989, (4): 267-278

[8]　蒋昌俊. 离散事件动态系统的 PN 机理论. 北京: 科学出版社, 2000

[9]　蒋昌俊. Petri 网的动态不变性. 中国科学:E 辑, 1997, 27(5): 567-573

[10]　蒋昌俊. Petri 网理论与方法研究综述. 控制与决策, 1997, (6):631-636

[11]　袁崇义. Petri 网原理与应用. 北京: 电子工业出版社, 2005

[12]　顾春红. SOA 流程项目: 业务流还是工作流. http://www.ibm.com/developerworks/ cn/web-services/1011_guch_soaprocess/1011_guch_soaprocess.html

[13]　业务流程管理. http://wiki.mbalib.com/wiki/业务流程管理

[14]　What is BPM. https://bpm.com/what-is-bpm

[15]　Business process management. https://en.wikipedia.org/wiki/Business_process_management

[16]　The BPM profession. http://www.abpmp.org/?page=BPM_Profession

[17]　Meyn S P, Tweedie R L. Markov Chains and Stochastic Stability. 2nd ed. New York: Cambridge University Press, 2009

[18]　苏春. 制造系统建模与仿真. 北京: 机械工业出版社, 2014

[19]　李裕奇，刘赪. 随机过程. 北京: 国防工业出版社, 2014

[20]　Rabiner L R. A tutorial on hidden Markov models and selected applications in speech recognition. Proceedings of the IEEE, 1989, 77(2): 257-286

[21]　Florencio D, Herley C. A large-scale study of Web password habits// Proceedings of the 16th International Conference on World Wide Web. ACM, 2007: 657-666

[22]　卢开澄. 计算机密码学. 北京: 清华大学出版社, 1990

[23]　Zhang X, Parhi K K. Implementation approaches for the advanced encryption standard algorithm. IEEE Circuits and Systems Magazine, 2002, 2(4): 24-46

[24] Lauer R F. Computer Simulation of Classical Substitution Cryptographic Systems. Laguna Hills: Aegean Park Press, 1981

[25] Reeds Iii J A.Method and apparatus for autokey rotor encryption: U.S. Patent 5724427. 1998-03-03

[26] ElGamal T. A public key cryptosystem and a signature scheme based on discrete logarithms// Workshop on the Theory and Application of Cryptographic Techniques. Berlin: Springer, 1984: 10-18

[27] Kim J J, Hong S P. A method of risk assessment for multifactor authentication. Journal of Information Processing Systems, 2011, 7(1): 187-198

[28] Ishai Y, Kushilevitz E, Ostrovsky R, et al. Batch codes and their applications// Proceedings of the 36th annual ACM symposium on Theory of computing. ACM, 2004: 262-271

[29] Metz C, Haller N, Straw M. A one-time password system// Proceedings of the Network and Distributed System Security Symposium, 1998: 98-100

[30] Jain A, Bolle R, Pankanti S, et al. Biometrics: personal identification in networked society. Springer Science & Business Media, 2006, 479

[31] Tycksen J F A, Jennings C W. Digital certificate: U.S. Patent 6189097. 2001-02-13

[32] Merkle R C. A certified digital signature// Proceedings of the Conference on the Theory and Application of Cryptology. New York: Springer, 1989: 218-238

[33] Shimizu A. A dynamic password authentication method using a oneway function. Systems and Computers in Japan, 1991, 22(7): 32-40

[34] Petsas T, Voyatzis G, Athanasopoulos E, et al. Rage against the virtual machine: hindering dynamic analysis of android malware// Proceedings of the 7th European Workshop on System Security. ACM, 2014: 5

[35] RFC 4226. HOTP: an HMAC-based one-time password algorithm. https://tools.ietf. org/html/rfc4226

[36] RFC 6238. TOTP: time-based one-time password algorithm. https://tools.ietf.org/html/ rfc6238

第三章　交易系统的建模

3.1　引　　言

构建业务流程的行为模型，是对其相关性质进行有效分析的基础。只有具备合适的基础模型，才能对网络交易系统进行形式化的分析。在网络交易系统中，一次交易活动需要有关主体相互协作，执行既定的业务流程才能完成。网络交易系统的交易流程在功能和性能方面的要求最终通过代表各主体的业务流程的交互运行得以实现。网络交易业务流程具有多主体、多会话、分布式、交互复杂以及面向数据操作等特点。数据错误、数据状态的非确定性、多会话模式以及复杂的恶意行为，必须能够被模型准确地刻画。因此，就需要能够正确反映流程逻辑和行为依赖关系的形式化模型，将网络交易流程中的数据流、控制流、资金流以及多会话模式融合在一起，以刻画网络环境下由多方参与的软件行为及语义。以保证业务软件的执行与业务流程的功能需求相一致。本章将对网络交易系统进行简单介绍，并针对网络交易系统的新特点，引入两种基于 Petri 网的形式化模型。

3.2　交易系统的体系结构

近十年来，网络交易和网络购物得到迅猛发展。推动网络交易产生和发展的重要因素主要来自如下几方面：第一，计算机处理速度的加快、处理能力的增强、价格的降低，计算机应用越来越广泛、越来越普及，为网络交易的应用提供了坚实的基础；第二，互联网逐渐成为全球通信与交易的媒体，全球上网用户呈级数增长，互联网技术不断普及和成熟，网络交易具有快捷、安全、低成本的特点，都为网络交易的发展提供了应用条件；第三，全球各大网络支付平台和网上银行的出现使得网络支付与结算系统不断完善，且具有方便、快捷、安全等优点，这为网络交易的支付提供了重要手段。

网络交易系统一般处于因特网开放、动态的网络环境下，基于 B/S(浏览器/服务器)架构实现应用系统。根据不同的应用模式，网络交易平台又分为 B2B、B2C、C2C、O2O 等。不管是何种应用模式，网络交易系统都是一种复杂的分布式系统，由商务平台、第三方支付平台、银行系统、物流系统、用户客户端等组成，具有并行性、分布性、交互性、实时性等特点。图 3.1 为主流网络交易系统的基本体系结构，不同的参与主体在整个交易流程中具备不同的功能。随着网络交易的发展，用户规模和交易量不断攀升。对交易功能和体验的追求，也促使网络交易平台不断开发新的业务，导致业务流程日益复杂。除了支付平台和商务平台自身的业务，越来越多的企业开始加入第三方服务来扩充自身的业务功能，比如天猫聚石塔和阿里百川计划[1]。

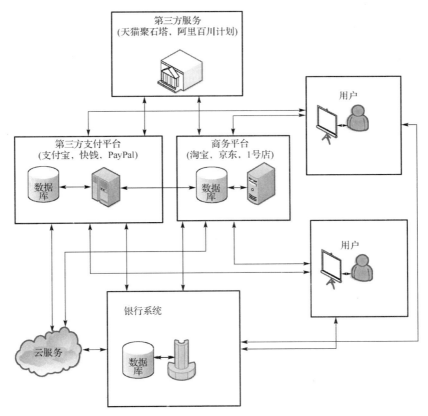

图 3.1 主流网络交易系统的基本体系结构

各方交易主体的业务过程构成了完整的、松耦合的、复杂的网络交易业务流程，每一个参与主体又有自己相对独立的业务架构和流程。图 3.2 为某第三方支付平台的系统架构，图 3.3 为该平台的基本处理模式。网络交易系统要应对柔性事物、异步处理、数据分布、数据缓存等方面的挑战，保证在海量访问情况下的资金绝对安全、低宕机率、低延时。一般情况下，一个完整的业务活动由主业务服务和若干从业务服务构成。主业务服务负责发起并完成整个业务活动，从业务服务提供具体的一些业务操作[2]。

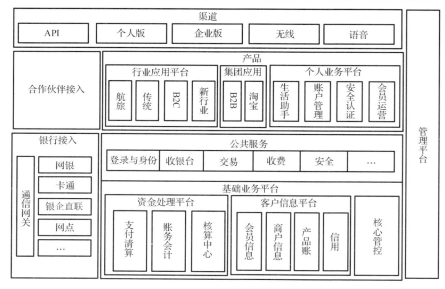

图 3.2　某第三方支付平台的系统架构[2]

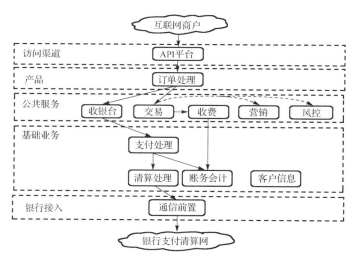

图 3.3　某第三方支付平台的基本处理模式[2]

　　网络交易系统各参与主体之间复杂的业务整合也带来了新的安全挑战。交易的参与主体拥有自己的内部状态,不同参与主体之间的数据状态难以协调和统一,极易产生业务缺陷,从而导致交易属性的违反,给企业和用户带来损失。另外,网络交易系统处于动态开放的网络环境中,用户的恶意行为也会导致数据状态紊乱,从而使得系统不可信。因此,要保证网络交易系统的可信性,就需要把握全局,兼顾各个主体内部的交易状态和流程结构,使整个交易流程一致,系统可信。

3.3　事务与流程

事务，语言上一般是指要做的或所做的事情。该术语广泛应用于数据库操作和业务流程处理。在数据库理论中，事务是访问并可能更新数据库中各种数据项的一个程序执行单元，具有原子性、一致性、隔离性、持久性四个基本属性。而在业务流程中，事务一般指的是业务流程中的某一项操作（operation）或是任务（task），是构成完整业务流程的基本组成部分。

在工作流管理系统（workflow management system，WfMS）中，工作流的设计是以案例为研究对象的。也就是说，针对某一具体案例，执行工作流中的每一项任务，或称之为事务。一个工作流进程能够处理许多类似的案例，通过以特定的次序执行任务来实现对案例的处理。因此，在工作流进程定义中，详细描述了每个任务的执行次序。由于任务按特定的次序执行，每个任务的执行有一个前提条件和执行结果。一旦任务的前提条件被满足，则这个任务可以执行并产生一个确定的执行结果。当工作流管理系统执行一个具体案例时，一个将要执行的任务称为一个工作项。工作项描述包含了处理这个任务所需的全部信息，如待处理的数据、需要用到的应用程序等。在网络交易系统中，执行任务"向卖方发送一个订单"就是一个工作项。大多数工作项是由一个设备或参与者（统称为资源）来执行的，资源用来处理具体的工作项。为了便于给工作项分配资源，通常将资源分成若干类，且每类资源具有类似的特征，一个资源类称为一个角色。一个活动是指由一个特定资源执行的工作项。因此，工作项将案例和任务联系在一起，而活动在案例、任务和资源之间建立了一种关系[3-7]。

工作流管理系统主要确定了四种路由结构：顺序路由结构、并行路由结构、条件路由结构、迭代路由结构。图 3.4 给出了这四种路由结构的示例。

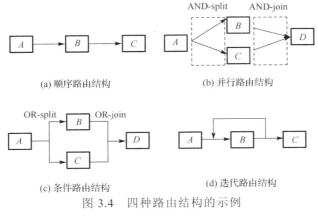

图 3.4　四种路由结构的示例

（1）顺序路由结构。在该结构中，任务的执行是顺序进行的，也就是说前一个任务执行后，后一个任务接着执行。在图 3.4(a)中，任务 A 执行后，接着任务 B 执行，而任务 C 的执行必须在任务 B 完成之后。

（2）并行路由结构。在该结构中，几个任务可以同时执行，也可以任意次序执行。在图 3.4(b)中，在任务 A 执行后，任务 B 和任务 C 并行执行，或者任务 B 先执行任务 C 后执行，或者任务 C 先执行任务 B 后执行。但是仅当任务 B 和任务 C 都执行后，才能执行任务 D。在电子商务系统中，为了模拟该结构，引入两个组件：AND-split 和 AND-join。在图 3.4(b)中，组件 AND-split 在任务 A 执行后，使得任务 B 和任务 C 同时满足执行的前提条件。组件 AND-join 使得所有并行的任务最后达到同步，即在任务 B 和任务 C 都执行完后，执行任务 D。

（3）条件路由结构。在该结构中，从几个任务中有条件地选择执行其中一个任务。如图 3.4(c)所示，在任务 A 执行后，依据条件要求选择执行任务 B 或任务 C。在所选择的任务执行后，再执行任务 D。在电子商务系统中，为了模拟该结构，也引入两个组件：OR-split 和 OR-join。在图 3.4(c)中，组件 OR-split 在任务 A 执行后，于任务 B 和任务 C 中选择下一个被执行的任务。组件 OR-join 在任务 B 或任务 C 执行后，使得任务 D 能够被执行。

（4）迭代路由结构。在该结构中，一个或一组任务可以重复执行多次。在图 3.4(d)中，任务 A 执行后和任务 C 执行前，任务 B 可以被重复执行多次。

上述结构基本刻画了业务过程中需要用到的路由结构。对于一些复杂的应用，可能需要几种结构交错使用，或是进行循环嵌套，从而对实际系统进行准确刻画，为后面系统的分析和验证奠定基础。同时，为了分析的方便，应尽量避免复杂循环结构的出现。即使出现，也应有合适的分析技术来进行化简和规约，避免状态爆炸带来复杂度问题。

在面向用户的实际应用过程中，一般是通过图示、文字、符号等对业务过程模型进行描述。首先，通过业务建模提供了一个一致的业务表现形式，即提供交流的手段，使得业务人员能更好地描述业务与表达需求，并使软件开发人员更容易理解业务，为更好地描述已有业务过程和明确需求奠定基础。其次，业务建模技术可以帮助业务人员和软件开发人员建立详细的业务过程模型，实现业务过程分析和设计的可视化，为规范与改进业务过程提供基础素材。工作流模型是对工作流的抽象表示，也就是对业务过程的抽象表示。对业务流模型进行形式化描述，是准确定义业务流过程模型以及进行模型验证和仿真的理论基础。Petri 网模型作为一种形式化模型，是描述系统业务流程的理想模型。交易流程的静态语法和动态语义的分离是造成业务系统行为难于描述和推理的原因，而 Petri 网可以很好地兼顾到语法和语义问题，实现二者的统一。在 Petri 网方法中，一般将变迁作为事件或是任务，Petri 网的物理结构可以有效描述流程的静态结构和属性，而 Petri 网的运行提供了刻画流程动态语义的方法[8-17]。

3.4 业务流系统

在动态开放的互联网环境下，网络交易业务流程具有分布式、多主体、多会话、面向交互行为等特点。不同主体拥有各自相对完整的业务流程，这些业务流程通过应用程序接口调用，消息传递以及相关交互机制构成完整的松耦合交易过程。比如，用户操作客户端购物流程，第三方支付平台有其后台支付流程及安全流程，银行则负责资金转移及清算业务流程等。这些流程的整合导致交互行为复杂，数据传递多样，控制流和数据流难以统一。由于应用程序之间相互协调的复杂性，如果业务流程设计不当，控制流和数据流复杂的联动可能会产生资金处理与业务处理不一致的情况。

构建业务流程的行为模型，是对其相关性质进行有效分析的基础。只有具备了合适的基础模型，才能对安全可信问题进行形式化的分析。在网络交易系统中，一次交易活动需要有关主体相互协作，执行既定的业务流程才能完成。网络交易系统的交易流程在功能和性能方面的要求最终通过代表各主体的业务流程的交互运行得以实现。Petri 网是一种描述并发和分布式系统的形式化模型，并且能够刻画真并发。为了更准确地刻画网络交易系统，需要对其进行扩展，本节将对两种基于 Petri 网的业务流模型系统——标注 Petri 网[18-22]和电子商务流程网（EBPN）[23-25]进行介绍。

3.4.1 标注 Petri 网

网络交易已成为因特网的重要应用之一。然而，随着用户数量的增加和服务类型的多样化，网络交易系统愈来愈庞大、愈来愈复杂，这使得网络交易系统的设计和分析更加困难。在网络交易系统中，通常涉及多个主体（参与者），且通过主体间有次序的信息交换，来实现交易规定的交易目标。每个主体都有自己的追求目标，而交易的一次完整执行，必须使得每个主体实现自己的目标。例如，在一次买卖交易中，买方的目标是得到订购的商品，而卖方的目标是得到买方的货款，这也是买卖双方所必须实现的共同目标。但是，在网络交易系统中，任何一个主体都不能约束和监控其他主体的行为。如果一个诚实的主体依据协议执行自己的任务，而它的合作者在获得自己的利益后，不再按照协议实施跟随动作，造成协议异常中止，则这个诚实的主体就不能达到自己的目标，从而损失了自己的利益。对于这种跟随动作的实施，合作者是必须完成的，这也是他们不得不履行的责任[26]。为了刻画这种性质，下面引入标注 Petri 网的相关定义。

在标注 Petri 网中，库所集 P 仅含有控制托肯。网络交易系统中主体之间的交换信息也出现在标注 Petri 网标识的网络条件中，同时某些交换信息在通信(发送或接收)动作中给出标注。变迁分为三种类型，即输入变迁(in)、输出变迁(out)和内部变迁(internal)。输入变迁用来表示从网络条件中接收信息的动作，输出变迁用来表示向网络条件发送信息的动作。内部变迁用来表示主体内部的动作，即非交互(通信)动作。

定义 3.1　　六元组 LaPN=$(P, T; F, M_0, \sum, l)$ 称为一个标注 Petri 网，当且仅当：

(1) P 是一个有限控制库所集；

(2) T 是一个有限变迁集，$P \cap T=\varnothing$，并且 T 由三个互不相交的变迁子集组成，即 $T=T_{in} \cup T_{out} \cup T_{int}$，其中 T_{in} 是输入变迁集，T_{out} 是输出变迁集，T_{int} 是内部变迁集；

(3) $F \subseteq (P \times T) \cup (T \times P)$ 是弧集；

(4) $M=(M_p, M_{net})$ 是一个标识函数，其中 $M_p: P \rightarrow \{0, 1\}$，$M_{net}$ 是出现在网络上的信息集合，且 $M_0=(M_{p0}, M_{net0})$ 是初始标识；

(5) $\sum$ 是一个有限动作标号集，即字母表；

(6) $l: T \rightarrow \sum$ 是一个标号函数。

由于网络交易系统运行在网络环境中，系统除包含所有参与者外，还涉及通信系统。因此，在定义 3.1 中标注 Petri 网的标识包括两部分：控制托肯和参与者发送在网络上的信息。在 M_p 中的控制托肯称为控制条件，在 M_{net} 中的网络信息称为网络条件。标号函数用来将多个与同一任务有关的变迁映射为一个标号，或者将内部变迁映射为一个不可见动作，且不可见动作由标号 τ 表示。一个参与者的所有内部动作，对其他参与者来说都是不可见的，即看不到动作执行后的任何结果。因此，在标注 Petri 网中，将所有的内部变迁都映射为同一标号 τ。也就是说，对 $\forall t \in T_{int}$，$l(t)=\tau$，且字母表 $\sum$ 中包含标号 τ。在本章中，除非特殊说明，假设 $T_{in} \cup T_{out}$ 中的变迁标号与它们的名字相同。在网络条件中的信息，采用外加方括号的形式表示。例如，若一个信息 msg 出现在网络中，则它在 M_{net} 或标注 Petri 网图形中表示为：[msg]。

网络交易系统涉及多个参与者或主体。每一个主体的工作流进程用一个标注 Petri 网描述，称为一个 LaPN 子网。一个完整的网络交易系统标注 Petri 网模型由所有主体的 LaPN 子网组成，而不同标注 Petri 网之间的通信通过标识中的网络条件实施。为了便于分析动作的不可否认性及收集证据，网络条件中的信息格式必须明确指定。事实上，出现在网络上的信息已用接收者的公钥加密和发送者的私钥签名。因此，这些信息主要包含信息名、接收者和发送者。

定义 3.2　网络上的信息格式为[(msg, S, R)]，其中 msg 是信息名，S 是信息的发送者，R 是信息的接收者。

在标注 Petri 网的图形表示中，控制库所用小圆表示，内部变迁由粗扛表示。输入变迁和输出变迁由矩形框表示，并分别在它们中嵌入形式为 In(msg, S, R) 和 Out(msg, S, R) 的变迁名。在每一个库所旁标注库所名，在内部变迁旁分别标注它的标号 τ 和变迁名(见图 3.5)。像前面解释的那样，含有标号 τ 的变迁用来表示在主体内部实施的动作或称不可见动作(对网络条件或其他主体而言)。

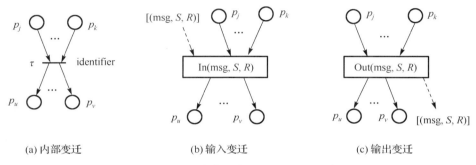

(a) 内部变迁　　　　　　　(b) 输入变迁　　　　　　　(c) 输出变迁

图 3.5　三种类型变迁的图表达形式

图 3.5 给出了三种类型变迁的图表达形式，其中 p_j, p_k, p_u 和 p_v 表示控制库所，[(msg, S, R)]是网络条件 M_{net} 中的一个信息。控制库所用来存储控制托背，同时它们也记录了系统的控制流进展情况。由图 3.5 知，在每个 LaPN 子网中，引发每一个动作都将引起系统的控制进展。每个内部动作仅与控制库所有关，而与网络条件无关。这也说明了内部动作对外部主体是不可见的。然而，每一个输入变迁和输出变迁的引发，不仅将引起控制过程的进展，而且还与网络条件有关。网络信息与输入变迁和输出变迁的连接用虚线弧表示。网络信息出现在标注 Petri 网的标识中，而在图形上的表示仅为了说明输入变迁和输出变迁与特定网络信息的关系。

在电子采购系统中，图 3.6 给出了卖方工作流过程的标注 Petri 网模型。图中省略了一些内部动作，如检查订单、检查库存等。这些内部动作不影响系统获取买方(B)和卖方(S)的共同目标。库所 i_s, o_{s1}, o_{s2}, p_{s1}, $\cdots$, p_{s7} 都是控制库所，其中库所 i_s 为源库所，o_{s1} 和 o_{s2} 是两个吸库所，同时它们也是卖方的两个目标库所。

定义 3.1 仅描述了标注 Petri 网的静态结构。下面给出标注 Petri 网的使能条件和引发规则。

定义 3.3　设 LaPN=(P, T; F, M_0, Σ, l) 是一个标注 Petri 网，$M=(M_p, M_{net})\in R(M_0)$。$\forall t\in T$，$t$ 在 M 称为使能的，当且仅当：

(1) 若 $t\in T_{out}\cup T_{int}$，则 $\forall p\in {}^\bullet t$，$M_p(p)\geqslant 1$；

（2）若 $t \in T_{\text{in}}$，则 $\forall p \in {}^{\bullet}t$，$M_p(p) \geqslant 1$，且 $\exists [(\text{msg}, S, R)] \in M_{\text{net}}$，其中 $l(t) = \text{In}(\text{msg}, S, R)$。

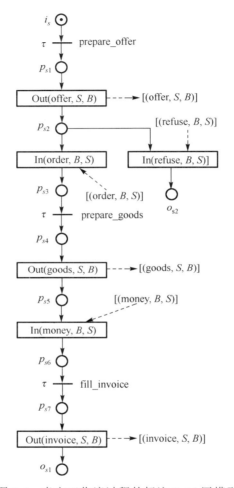

图 3.6　卖方工作流过程的标注 Petri 网模型

在定义 3.3 中，$[(\text{msg}, S, R)] \in M_{\text{net}}$ 意味着在网络条件 M_{net} 中，存在一个信息 msg，并且它的发送者是 S，接收者是 R。因此，仅当一个输入变迁的控制条件和网络条件都被满足时，它才使能。而对于内部变迁和输出变迁，它们的使能条件仅与控制条件有关。

定义 3.4　设 LaPN $= (P, T; F, M_0, \Sigma, l)$ 是一个标注 Petri 网，$M = (M_p, M_{\text{net}}) \in R(M_0)$。对 $\forall t \in T$，若 t 在 M 使能，则 t 可以引发，且它引发后产生一个新的标识 M'，记为 $M[t > M' = (M'_p, M'_{\text{net}})$，其中

$$M'_p(p) = \begin{cases} M_p(p)+1, & p \in t^{\bullet} - {}^{\bullet}t \\ M_p(p)-1, & p \in {}^{\bullet}t - t^{\bullet} \\ M_p(p), & 其他 \end{cases}$$

$$M'_{\text{net}} = \begin{cases} M_{\text{net}} \cup \{[(\text{msg}, S, R)]\}, & l(t) = \text{Out}(\text{msg}, S, R) \\ M_{\text{net}}, & 其他 \end{cases}$$

由定义 3.4 知，标注 Petri 网中的控制条件对应于控制库所，并且可用来跟踪标注 Petri 网的控制进展。控制条件也是传统的 Petri 网条件。然而，网络条件是标注 Petri 网中的一种特殊条件。若一个信息属于网络条件，这个信息一定是某个主体先前发送的信息。本章假设在一个案例的生命周期内，某个信息一旦出现在网络上，它将在网络条件 M_{net} 中一直保持不变，即它既不会从网络条件中自动消失，又不会被修改。因此，在网络交易系统中，主体之间的任务依赖性可以通过网络条件实现，而主体内部的任务依赖性仅通过它的控制条件实现。

在图 3.6 中，$M_{p0}(i_s)=1$。在变迁 Out(offer, S, B) 引发后，变迁 In(order, B, S) 和 In(refuse, B, S) 的引发依赖于网络条件。假设 $M_1 = (M_{p1}, M_{\text{net1}})$ 是这个网的当前标识，其中 $M_{p1}(p_{s2})=1$，$M_{\text{net1}} = \{[(\text{offer}, S, B)], [(\text{refuse}, B, S)]\}$，则变迁 In$(\text{refuse}, B, S)$ 使能，且它引发后产生一个标识 $M_2 = (M_{p2}, M_{\text{net2}})$，即 $M_1[\text{In}(\text{refuse}, B, S) > M_2$，其中 $M_{p2}(o_{s2})=1$，$M_{\text{net2}} = M_{\text{net1}}$。

对于网络交易过程的工作流设计，应便于程序员理解和掌握，同时也要便于实现模块化的程序设计。因此，在网络交易系统设计中，人们越来越重视采用工作流的设计思想。一个用标注 Petri 网描述的工作流称为标注 Petri 网工作流，而将其基本网称为标注工作流网（labeled workflow net，LaWN）。在网络交易系统中，每个主体的工作流过程由一个标注工作流网模拟，而整个系统的标注工作流网模型由所有主体的标注工作流网模型组合而成。

定义 3.5 LaPN = $(P, T; F, M_0, \Sigma, l)$ 称为一个标注工作流网，当且仅当：

(1) LaPN 是一个标注 Petri 网；

(2) 库所集 P 包含一个源库所 i，${}^{\bullet}i = \varnothing$；

(3) 库所集 P 包含吸库所 $o_1, o_2, \cdots, o_k$，且对 $\forall j : 1 \leq j \leq k$，$o_j^{\bullet} = \varnothing$；

(4) 若将附加变迁 $t_1^{\#}, t_2^{\#}, \cdots, t_k^{\#}$ 添加到 LaPN 中，且 ${}^{\bullet}t_j^{\#} = \{o_j\}$，$t_j^{\#\bullet} = \{i\}$，$j = 1, 2, \cdots, k$，则 LaPN$^{\#} = (P, T \cup \{t_1^{\#}, t_2^{\#}, \cdots, t_k^{\#}\}, F \cup \{\cup_{j=1,2,\cdots,k}(o_j, t_j^{\#}), \cup_{j=1,2,\cdots,k}(t_j^{\#}, i)\}, M_0, \Sigma, l)$ 是强连接的。

设 LaPN = $(P, T; F, M_0, \Sigma, l)$ 是一个标注工作流网，则 LLaPN = $(P, T; F, M_{p0}, \Sigma, l)$ 称为 LaPN 的局部标注工作流网，其中 $M_0 = (M_{p0}, M_{\text{net0}})$。在局部标注工作流网中，变迁集 T 中的所有变迁仅依赖于控制条件。因此，这些变迁的使能条件和引发规则与传统 Petri 网相同。类似地，$LLaPN^{\#}$表示在 $LaPN^{\#}$中删去网络条件后得到的标注工作流网。

定义 3.6　设 $LaPN_i=(P_i, T_i; F_i, M_0^{(i)}, \sum_i, l_i)$ 是一个标注工作流网，$i=1, 2, \cdots, n$。$ILaPN=(P, T; F, M_0, \sum, l)$ 称为一个由标注工作流网 $LaPN_1, LaPN_2, \cdots, LaPN_n$ 组成的组织间标注工作流网（interorganizational labeled workflow net，ILaWN），当且仅当：

（1）$P=\cup_{1 \leqslant i \leqslant n} P_i$，$T=\cup_{1 \leqslant i \leqslant n} T_i$，$F=\cup_{1 \leqslant i \leqslant n} F_i$，$\sum=\cup_{1 \leqslant i \leqslant n} \sum_i$；

（2）$M_0=(M_{p0}, M_{net0})$，其中 $M_{p0}=(M_{p0}^{(1)}, M_{p0}^{(2)}, ..., M_{p0}^{(n)})$，$M_{net0}=M_{net0}^{(1)}=M_{net0}^{(2)}= ... = M_{net0}^{(n)}$，$M_0^{(i)}=(M_{p0}^{(i)}, M_{net0}^{(i)})$，$i=1, 2, ..., n$；

（3）对 $\forall t \in T$，若 $t \in T_i$ $(1 \leqslant i \leqslant n)$，则 $l(t)=l_i(t)$。

由于组织间标注工作流网用来模拟一个完整的网络交易系统，则要求它的所有主体的标注工作流网之网络条件是相同的，即网络条件对系统中的每个主体都是可见的。在组织间标注工作流网中，标注工作流网之间的数据交换或传递，通过引发输入变迁和输出变迁经由网络条件而实现。

3.4.2　EBPN

网络交易业务流程具有多主体、多会话、分布式、交互复杂以及面向数据操作等特点。数据错误、多会话模式以及复杂的恶意行为，必须能够被模型准确地刻画[27-31]。因此，就需要一种能够正确反映流程逻辑和行为依赖关系的形式化模型，将网络交易流程中的数据流、控制流、资金流以及多会话模式融合在一起，以刻画网络环境下由多方参与的软件行为及语义。本节介绍 EBPN 这一形式化模型，并给出相关的结构属性和动态属性的定义。EBPN 可以很好地刻画现今主流的网络交易系统，是对原型 Petri 网的扩展，增加了数据属性、关键数据元素、关键变迁等概念。

定义 3.7　EBPN 是一个 7 元组 EN = $(P, T; F, D, W, S, G)$，其中：

（1）P 是有限库所集；

（2）T 是有限变迁集，且 $P \cap T=\varnothing$，$P \cup T \neq \varnothing$；

（3）$F \subseteq P \times T \cup T \times P$ 是库所与变迁之间的有向弧集；

（4）D 是 token 类型的有限集合，每一个 $d \in D$ 用一个单词来表示一个交易参数；

（5）$W: F \rightarrow <a_1 d_1, a_2 d_2, a_3 d_3, ..., a_l d_l>$，$a_l \in \{0, 1\}$，$d_l \in D$，$l>0$ 是 D 中所有元素的个数；

（6）S 是 token 类型的有限集合，即关键数据元素的集合，且 $S \subset D$；

（7）$G: T \rightarrow \prod$ 是谓词函数，其中 $\prod$ 是 D 上的布尔表达式集合。

EBPN 是用来刻画电子商务业务流程的形式化模型。变迁集 T 用来表示应用程序接口或交易过程的操作事件；库所集 P 用来表示数据信道和状态；D 是用来刻画交易过程中使用的数据元素的集合，同时也是 token 类型的集合。在电子商务业务流程中有一些关键的数据元素，比如订单号、价格等。相应地，EBPN 有一些关键的 token 类型（数据元素类型），记为 S。属于这种类型的 token 有两个固定的值，即 T（真）和 F（假）。在本书中，$d_l \in D$ 表示一个属于 d_l 类型的 token。权函数 W 为每个弧分配一个 l 维向量。谓词被分配到一些变迁上，用来刻画交易过程中的一些验证条件。

例如，图 3.7 是一个 EBPN 的示意图，刻画了第三方支付平台（third party payment platform，TPP）的支付操作。该操作需要两个输入，其中之一是第三方支付平台的当前状态，即 TListen；还有交易参数，包括 orderID 及 gross。请注意，这些参数并没有实际交易系统当中的特定值，而是可以具有固定的值，比如 T（真）和 F（假）。在支付操作完成后，产生两个数据，其中之一是 TPaid，表示钱已支付，而另一个是交易编号，即 transactionID。一个谓词[orderID∧gross]位于变迁 t_1 之上。

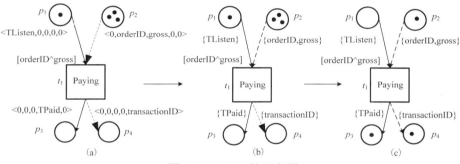

图 3.7　EBPN 的示意图

定义 3.8 设 EN = $(P, T; F, D, W, S, G)$ 为一个 EBPN，则映射 $M: P \rightarrow$ <$n_1 d_1$, $n_2 d_2$, $n_3 d_3$, ..., $n_l d_l$>为 EN 的一个标识，其中 $n_l \in \mathbb{N}$，$d_l \in D$，$l>0$ 为 D 中的元素个数。

一个标识 M 为每一个库所分配一个 l 维向量。向量的分量 $n_l d_l$ 表示一个库所有 n_l 个 d_l 类型的 token。在本书中，一个 token 就是一个属于某个类型的交易参数。例如，图 3.7(a) 的标识是 M=[<TListen, 0, 0, 0, 0>, <0, 2orderID, gross, 0, 0>, <0, 0, 0, 0, 0>, <0, 0, 0, 0, 0>]。p_1 拥有一个 TListen 类型的 token，用来表示第三方支付平台的一个状态，p_2 拥有三个表示数据元素的 token，其中两个是 orderID 类型，另外一个是 gross 类型。

定义 3.9 对于任意 $p \in P$，l 维向量 $M(p)$ 的多重集[32,33]记为 $\widetilde{M}(p)$，而 $M(p)$ 的数据元素集合则记为 $\widehat{M}(p)$。$d \in D$ 在 $\widetilde{M}(p)$ 中出现的次数记为 $\#(d, \widetilde{M}(p))$。

为了方便表达，一个标识可以表示为 M=[$p_i(\lambda) | p_i$ 是拥有 token 的库所，$\lambda = \widetilde{M}(p_i)$]。例如，图 3.7(a) 的标识可以表示为 M=[p_1(TListen)，p_2(2orderID, gross)]，$\widetilde{M}(p_2)$={orderID, orderID, gross}，$\widetilde{M}(p_1)$={TListen}，$\widehat{M}(p_2)$ = {orderID, gross}，$\#$(orderID, $\widetilde{M}(p_2)$)=2。

　　EBPN 是对原型 Petri 网的扩展，下面着重描述其结构上的两个重要特点：弧权向量和谓词。在 EBPN 中，每一个有向弧都被分配一个向量，用来刻画实际电子商务系统中某一个操作的输入输出数据。之所以用向量的形式，是为了方便形式化分析和计算。谓词是为了刻画电子商务系统的一些校验条件，附于某些特定变迁之上。

　　定义 3.10　对任意 $p \in P$，$t \in T$，有向弧 (p, t) 或者 (t, p) 的弧权记为 $W(p, t)$ 或 $W(t, p)$，l 维向量 $W(p, t)$ 或 $W(t, p)$ 的数据元素集合则记为 $\widetilde{M}(p,t)$ 或 $\widetilde{M}(t,p)$。

　　在当前标识下，满足弧权 $W(p, t)$ 是变迁 t 使能的必要条件。事实上，$W(t, p)$ 表明了变迁 t 触发后会往 p 中输送什么数据。在图 3.7 (a) 中，$W(p_1, t_1) = <\text{TListen}, 0, 0, 0, 0>$ 表示触发 t_1 要求 p_1 至少有一个 TListen 类型的 token；$W(p_2, t_1) = <0, \text{orderID}, \text{gross}, 0, 0>$ 表示触发 t_1 要求 p_2 至少有一个 orderID 类型的 token 和一个 gross 类型的 token。在图 3.7 (a) 中，p_1 和 p_2 满足这些条件；$W(t_1, p_3) = <0, 0, 0, \text{TPaid}, 0>$ 表示 t_1 发生完成后会往 p_3 输送一个 TPaid 类型的 token，而 $W(t_1, p_4) = <0, 0, 0, 0, \text{transactionID}>$ 表示 t_1 发生完成后会往 p_4 输送一个 transactionID 类型的 token。$\widetilde{W}(p_1, t_1) = \{\text{TListen}\}$，$\widetilde{W}(p_2, t_1) = \{\text{orderID}, \text{gross}\}$，$\widetilde{W}(t_1, p_3) = \{\text{TPaid}\}$，$\widetilde{W}(t_1, p_4) = \{\text{transactionID}\}$。

　　为了使 EBPN 的图形简洁易懂，弧权向量 $<a_1d_1, a_2d_2, a_3d_3, \cdots, a_ld_l>$ 可以简化为弧上的一个集合。例如，图 3.7 (a) 和 (b) 表示同一个变迁。这是为了表达清晰，因为 EBPN 可能有几十个数据元素，那么如此长的向量很难在图形上清晰地表示出来。在 EBPN 中，实线弧表示控制流，刻画控制结构和状态转换关系；虚线弧表示应用程序接口之间的数据流。控制流和数据流可能会重叠。

　　定义 3.11　设 EN $= (P, T; F, D, W, S, G)$ 为一个 EBPN，δ_G 是谓词集合 G 上的布尔函数，使得 $\delta_G : G(t) \rightarrow \{T, F\}$，$t \in T$。

　　在图 3.7 中，t_1 上有一个谓词 [orderID $\wedge$ gross]，也就是 $G(t_1) = $ [orderID $\wedge$ gross]。"$\wedge$" 表示逻辑运算符"与"，而"$\vee$"表示逻辑运算符"或"。只有当 $\delta_G(G(t_1)) = \delta_G([\text{orderID} \wedge \text{gross}]) = T$ 的情况下，t_1 才有可能触发。

　　EBPN 具有一些特有的动态属性，比如说数据状态的概念，以及数据状态的转换规则。对于原型 Petri 网的活性和有界性，EBPN 也有相对应的数据有界性和数据活性的概念，下面给出其具体定义。

　　定义 3.12　设 EN $= (P, T; F, D, W, S, G)$ 为一个 EBPN，二元组 $\Lambda = (M, \delta_D)$ 称之为 EN 的一个数据状态，其中 M 是 EN 的一个标识，δ_D 叫做数据配置；δ_D 为每一个 $d \in \{\widetilde{M}(p) | p \in P\}$ 分配一个 T（真）或 F（假）的布尔值，使得 $\forall d \in (D-S) \rightarrow \delta_D(d) = T$，$\delta_D : S \rightarrow \{T, F\}$。

在当前标识下，δ_D 为每一个具有某种类型的 token 分配一个布尔值。δ_D 随着标识的改变而改变。对于那些不涉及金融安全的非关键数据元素，它们的值总是 T(真)；而对于一些涉及金融安全的关键数据元素，在整个电子交易的执行过程中，其值可能是 T(真)或 F(假)。

在本书中，为了方便起见，在数据状态 (M, δ_D) 下，对于 $d \in \{\widetilde{M}(p) | p \in P\} \cap S$，$\delta_D(d) = F$，那么使用 dF 来表示它的值。如果 $d \in D$，$\delta_D(d) = T$，那么它的值将不被显示地表示出来。在图 3.7 中，orderID 和 transactionID 是关键数据元素，那么数据状态可以表示为 $(M, \quad \delta_D = ([p_1(\text{TListen}), \quad p_2(2\text{orderID}, \quad \text{gross})]$，$\delta_D) = ([p_1(\text{TListen}), p_2(\text{orderID}, \text{orderID}F, \text{gross})])$。

定义 3.13 设 EN $= (P, T; F, D, W, S, G)$ 为一个 EBPN，在数据状态 $\Lambda = (M, \delta_D)$ 下，变迁 $t \in T$ 是使能的，当且仅当：

（1）$p \in {}^{\bullet}t \rightarrow M(p) \geqslant W(p, t)$；

（2）$\exists G(t) \rightarrow \delta_G(G(t)) = T$。

在本书中，$M(p) \geqslant W(p, t)$ 表示 $<n_1, n_2, n_3, \cdots, n_l> \geqslant <a_1, a_2, a_3, \cdots, a_l>$。$M(p)$ 和 $W(p, t)$ 的运算是基于 $<n_1, n_2, n_3, \cdots, n_l>$ 和 $<a_1, a_2, a_3, \cdots, a_l>$ 的。例如，给定 $M(p) = <n_1d_1, n_2d_2, n_3d_3, \cdots, n_ld_l>$ 和 $W(p, t) = <a_1d_1, a_2d_2, a_3d_3, \cdots, a_ld_l>$，那么 $M(p) - W(p, t) = <(n_1-a_1)d_1, (n_2-a_2)d_2, (n_3-a_3)d_3, \cdots, (n_l-a_l)d_l>$。

$M \overset{t}{\longrightarrow}$ 表示 t 在标识 M 下是使能的。在标识 M 下，一个新标识 M' 通过触发 t 产生，用表达式 $M \overset{t}{\longrightarrow} M'$ 来表示。$\neg M \overset{t}{\longrightarrow}$ 表示 t 在标识 M 下是非使能的。符号 $\overset{t}{\longrightarrow}$ 同样可以用在数据状态 $\Lambda = (M, \delta_D)$ 中，即 $(M, \delta_D) \overset{t}{\longrightarrow}$ 表示 t 在数据状态 (M, δ_D) 下是使能的，$(M, \delta_D) \overset{t}{\longrightarrow} (M', \delta_D')$ 表示在数据状态 (M, δ_D) 下，触发变迁 t，产生一个新的数据状态 (M', δ_D')。同样地，$\neg (M, \delta_D) \overset{t}{\longrightarrow}$ 表示 t 在数据状态 (M, δ_D) 下是非使能的。

定义 3.14 如果存在一个变迁序列 $\sigma = t_1, t_2, \cdots, t_k$ 和数据状态序列 (M, δ_D)，(M_1, δ_{D1})，(M_2, δ_{D2})，$\cdots$，(M_k, δ_{Dk})，使得 $(M, \delta_D) \overset{t_1}{\longrightarrow} (M_1, \delta_{D1}) \overset{t_2}{\longrightarrow} (M_2, \delta_{D2})$，$\cdots$，$(M_{k-1}, \delta_{Dk-1}) \overset{t_k}{\longrightarrow} (M_k, \delta_{Dk})$，那么称之为 (M_k, δ_{Dk}) 从 (M, δ_D) 是可达的，用表达式 $(M, \delta_D) \overset{\sigma}{\longrightarrow} (M_k, \delta_{Dk})$ 来表示。从 (M, δ_D) 可达的所有数据状态记为 $R(M, \delta_D)$。

在当前复杂开放的网络环境下，电子商务系统正遭受着恶意客户端的威胁，恶意用户可以利用客户端和服务器之间业务流程的功能分配不当所造成的逻辑缺陷来实现恶意目的。混合的网络应用程序的业务逻辑更为复杂，因此需要安全可靠地协调电子商务系统所集成的不同业务服务，否则就为恶意用户敞开了攻击的大门。恶意行为可能会导致分布式服务之间的状态不一致，从而违反电子交易的安全属性。各种各样的恶意行为在不断涌现，而客户端(浏览器)是由用户控制的，但由他们接收并处理的数据并不都是安全的。可能会出现一些错误或被篡改的数据在电子商务系统中流动,从而导致某些逻辑错误并违反电子交易属性[34-38]。因此,在定义 3.7 中提出了关键数据元素的概念,下面的定义提出了关键变迁的概念。关键变迁只存在于电子商务系统的客户端,即是由用户处理的。

定义 3.15 给定 $t \subset T$, $\dot{}t=P'$, $t\dot{}=P''$, t 称为一个关键变迁,当且仅当:

(1) $\exists s \in \{\widetilde{W}(p, t) \mid p \in P'\} \cap S \cap \{\widetilde{W}(t, p) \mid p \in P''\}$;

(2) s 为 t 所产生的 token $\to \delta_D(s) \in \{T, F\}$。

如果 $t \in T$ 是一个关键变迁,那么通过触发 t 产生的属于关键数据元素的 token 将会有不确定的值,即 T(真)或 F(假),而这是由数据状态来体现的。变迁的触发及数据状态的转换规则将在下面的定义中说明。在 EBPN 中,使用符号 T_X 来表示关键变迁集,$T_X \subset T$。

定义 3.16 设 EN$=(P, T; F, D, W, S, G)$ 为一个 EBPN,$\Lambda=(M, \delta_D)$ 为 EN 的一个数据状态,如果变迁 $t \in T$ 在 (M, δ_D) 下是使能的($M \xrightarrow{t}$),t 触发之后,新产生的标识 $M'(M \xrightarrow{t} M')$ 为

$$M'(p) = \begin{cases} M(p)-W(p,t), & p \in \dot{}t - t\dot{} \\ M(p)+W(t,p), & p \in t\dot{} - \dot{}t \\ M(p)-W(p,t)+W(t,p), & p \in \dot{}t \cap t\dot{} \\ M(p), & \text{否则} \end{cases}$$

同时,如果 $t \notin T_X$,那么产生的新的数据状态为

$$\Lambda'=(M', \delta_D')$$
$$=(M', \forall d \in \{\widetilde{M}(p) \mid p \in P\} \to \delta_D'(d)=\delta_D(d)$$
$$\wedge \forall d \in \{\widetilde{W}(t,p) \mid p \in t\dot{}\} - \{\widetilde{M}(p) \mid p \in P\} \to \delta_D'(d)=T)$$

否则,如果 $t \in T_X$,那么将会产生一个数据状态集

$$\Gamma=\{(M', \delta_D') \mid M \xrightarrow{t} M',$$
$$\forall s \in \{\widetilde{W}(t,p) \mid p \in t\dot{}\} \cap S \to \delta_D'(s) \in \{T, F\},$$
$$\forall d \in \{\widetilde{M}(p) - \{\widetilde{W}(t,p) \mid p \in t\dot{}\} \cap S\} \to \delta_D'(d)=\delta_D(d)\}$$

这里,在变迁 t 触发之后数据状态有两种变化:一个是标识的变化,一个是数据配置的变化。t 触发之后只产生一个标识,但是数据配置的变化分为两种情况,即 t 是否是一个关键变迁。如果 t 不是一个关键变迁,只有一个数据状态产生,因为 t 触发之后,所产生的任意一个 token 都被分配一个固定的值。否则,所产生的属于关键数据元素的 token 被分配 T(真)或 F(假),每一种分配生成一个数据状态。因此,产生一个新的数据状态集。

在图 3.7(a)和(b)中，当前的数据状态为 $(M,\delta_D)=([p_1(\text{TListen}),p_2(\text{orderID},$ $\text{orderID}F,\text{gross})])$，满足触发条件，$t_1$ 触发，p_1 和 p_2 中的三个 token 被消耗。注意有一个值为 F 的 orderID 类型的 token 没有参与触发 t_1，因为其不能满足 t_1 的触发条件。t_1 触发之后，分别往 p_3 和 p_4 传送一个 TPaid 和 transactionID 类型的 token，见图 3.7(c)。TPaid 表示第三方支付平台处于支付完成的状态；transactionID 是 Paying 操作所产生的数据元素。图 3.7(c)的标识是 $M'=([p_2(\text{orderID}),p_3(\text{TPaid}),$ $p_4(\text{transactionID})])$。如果 t_1 不是关键变迁，那么 t_1 触发之后只产生一个数据状态：$(M',\delta_D')=([p_2(\text{orderID}F),p_3(\text{TPaid}),p_4(\text{transactionID})])$。否则的话，$\delta_D'(\text{transactionID})$ $\in\{T,F\}$，$\Gamma=\{([p_2(\text{orderID}F),p_3(\text{TPaid}),p_4(\text{transactionID})]),([p_2(\text{orderID}F),p_3(\text{TPaid}),$ $p_4(\text{transactionID}F)])\}$，即 t_1 的触发产生了两个数据状态。

定义 3.17 设 (M_0,δ_0) 为 $\text{EN}=(P,T;F,D,W,S,G)$ 的初始数据状态。EN 为数据有界(data-bounded)的 EBPN，当且仅当 $\forall\in P$，$M\in R(M_0)$，$d\in\widehat{M}(p)\to\#(d,$ $\widetilde{M}(p))\leqslant 1$。

定义 3.18 设 $\text{EN}=(P,T;F,D,W,S,G)$ 为一个 EBPN，(M_0,δ_{D0}) 为初始数据状态，$t\in T$。如果对任意 $(M,\delta)\in R(M_0,\delta_{D0})$，都存在 $(M',\delta_D')\in R(M,\delta_D)$，使得 $(M',\delta_D')\overset{t}{\longrightarrow}$，则称 t 是数据活的(data-live)。如果 $\forall t\in T$ 是数据活的，那么 EN 是数据活的。

3.5 分析与验证

3.5.1 标注 Petri 网的分析与验证

在网络交易系统中，一个标注工作流网可以模拟一个主体(参与者)的工作流过程。由于一个主体的工作流过程与其他主体的工作流过程是密切相关的，因此它不能独立地描述整个案例的工作流程。但是，在不考虑网络条件的情况下，可以讨论局部标注工作流网的某些性质，并且对这些局部性质的分析为研究系统的整体性质奠定基础。下面引入健壮性和无阻塞性的定义。

定义 3.19 设 LaPN 是一个标注工作流网，$M_{p0}(i)=1$，它的局部标注工作流网 $\text{LLaPN}=(P,T;F,M_{p0},\sum,l)$ 是健壮的，当且仅当：

(1) $\text{LLaPN}^{\#}$ 是安全的；

(2) 对 $\forall M_p\in R(M_{p0})$，如果 $\exists 1\leqslant j\leqslant k:M_p(o_j)$，则 $\forall p\in P-\{o_j\}:M_p(p)=0$；

(3) 对 $\forall M_p\in R(M_{p0})$，$\exists\sigma\in T^*$，$1\leqslant j\leqslant k:M_p[\sigma>M_{p1}(o_j)=1$；

(4) 在 $\text{LLaPN}^{\#}$ 中，$\forall t\in T\cup\{t_1^{\#},t_2^{\#},\cdots,t_k^{\#}\}$，$\exists M_p\in R(M_{p0})$，$M_p[t>$。

为便于讨论，除非特别说明，假定 $M_{p0}(i)=1$ 意味着 $M_{p0}(i)=1$，且 $\forall p \in P - \{i\}$：$M_{p0}(p)=0$。下面的定理给出了局部标注工作流网的健壮性和活性之间的关系。

定理 3.1 设 LaPN 是一个标注工作流网，$M_{p0}(i)=1$，它的局部标注工作流网 LLaPN 是健壮的，当且仅当 LLaPN$^{\#}$ 是活的和安全的。

定义 3.20 设 LaPN 是一个标注工作流网，LLaPN$=(P, T; F, M_{p0}, \sum, l)$ 是它的局部标注工作流网，$M_{p0}(i)=1$。G_f 是一个终止状态集，<LLaPN, G_f> 是无阻塞的，当且仅当 $\forall \sigma \in L(<LLaPN, R(M_{p0})>)$，$\sigma \notin L(<LLaPN, G_f>)$，$\exists \sigma' \in T^*$：$\sigma \circ \sigma' \in L(<LLaPN, G_f>)$。

根据定义 3.20，<LLaPN, G_f> 具有无阻塞性，当且仅当对它运行中的每一条路径，都能延续并到达一个终止状态 $M_p \in G_f$。在网络交易系统中，G_f 通常用来表示一个主体的个人目标状态集。因此，<LLaPN, G_f> 的无阻塞性表明，对 LLaPN 中的任何一个引发序列 σ，存在一个后继变迁序列 σ'，使得在变迁序列 $\sigma \circ \sigma'$ 引发后，G_f 中的一个目标状态被获得。无阻塞性可应用于主体责任的分析与描述，并且拥有无阻塞性意味着主体的个人目标一定能够达到。下面给出无阻塞性与健壮性之间的关系。

定理 3.2 设 LaPN 是一个标注工作流网，$G_f = \{M_{pj}(o_j)=1, j=1, 2, \cdots, k\}$。如果 LaPN 的局部标注工作流网 LLaPN 是健壮的，则 <LLaPN, G_f> 是无阻塞的。

应用无阻塞性可以分析趋于终止状态(个人目标)的变迁序列的性质，并可测试任一引发序列能否到达目标状态。在网络交易系统中，由于一个标注工作流网只能模拟一个主体的工作流过程，整个系统的标注工作流网模型是由所有主体的标注工作流网组合而成。这种组合的标注工作流网称为组织间标注工作流网。

由于每个标注工作流网的结构是相互独立的，任意两个标注工作流网的库所集 P、变迁集 T 和弧集 F 都是互不相交。因此，在组织间标注工作流网中的库所集、变迁集、弧集和标号集，分别是所有主体标注工作流网中相应集合的并集。此外，对组织间标注工作流网中的标识也要作相应的变化。

定义 3.21 设 ILaPN 是由 LaPN$_1$,LaPN$_2$,$\cdots$,LaPN$_n$ 组成的组织间标注工作流网。$G_{fi} \subseteq R(M_{p0}^{(i)})$ 是 LaPN$_i$ 的终止状态集，$i=1, 2, \cdots, n$，G_{fi} 称为 LaPN$_i$ 的协同终止状态集，当且仅当 $\forall \sigma^{(i)} \in L(<LLaPN_i, G_{fi}>)$，$\sigma^{(i)}$ 至少包含 T_i 中的一个输入变迁或输出变迁，$1 \leqslant i \leqslant n$。

由于组织间标注工作流网用来模拟一个完整的电子商务系统，因此要求它的所有主体的标注工作流网之网络条件是相同的，即网络条件对系统中的每个主体都是可见的。在组织间标注工作流网中，标注工作流网之间的数据交换或传递，通过引发输入变迁和输出变迁经由网络条件而实现。本章假设组织间标注工作流网的初始控制标识 M_{p0} 满足条件 $M_{p0}(i_j)=1$，$j=1, 2, \cdots, n$，这里 i_j 是 LaPN$_j$ 的源库所，并且初始网络标识为 $M_{net0}=\varnothing$。为了分析组织间标注工作流网的动态性质，下面定义输入变迁与输出变迁之间的依赖性概念。

定义 3.22 设 ILaPN 是一个由 LaPN$_1$,LaPN$_2$,…,LaPN$_n$ 组成的组织间标注工作流网。T_i 中的输入变迁 In(msg1, A, B) 称为依赖于 T_j 中的输出变迁 Out(msg2, C, D)($i \neq j$),当且仅当 msg1=msg2,$A=C$ 和 $B=D$,记为 In (msg1, A, B)←Out(msg2, C, D)。在 $T_i \cup T_j$ 中,若至少存在一对变迁 t_1 和 t_2,且 $t_1 \leftarrow t_2$,则称标注工作流网 LaPN$_i$ 与 LaPN$_j$ 存在依赖性。

由定义 3.22 知,如果系统中两个主体之间存在异步通信关系,则在两个主体的标注工作流网之间一定存在依赖性。若 $t_1 \leftarrow t_2$,则引发 t_1 意味着 t_1 接收由 t_2 发送的信息。用记号 ¬($t_1 \leftarrow t_2$)表示 t_1 不依赖于 t_2。

图 3.8 给出了模拟电子采购系统中买方工作流进程的标注工作流网模型。买方有两个终止状态 $M_{p1}(o_{b1})=1$ 和 $M_{p2}(o_{b2})=1$,初始控制标识为 $M_{p0}(i_b)=1$。现在用 LaPN$_s$ 和 LaPN$_b$ 分别表示图 3.6 和图 3.8 中的标注工作流网,用 ILaPN$_{sb}$ 表示由 LaPN$_s$ 和 LaPN$_b$ 组成的组织间标注工作流网。根据 LaPN$_s$ 和 LaPN$_b$ 的标注工作流网模型结构,LaPN$_b$ 中的输入变迁 In(goods, S, B) 依赖于 LaPN$_s$ 中的输出变迁 Out(goods, S, B),即 In(goods, S, B)←Out(goods, S, B)。由定义 3.22 可知,在 LaPN$_s$ 和 LaPN$_b$ 之间存在依赖性。

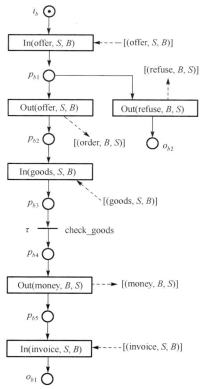

图 3.8 买方工作流进程的标注工作流网模型

下面给出组织间标注工作流网的健壮性定义。

定义 3.23 设 ILaPN 是一个组织间标注工作流网，它的 n 个标注工作流网是 LaPN$_i$，i=1, 2, $\cdots$, n。ILaPN 是健壮的，当且仅当：

(1) 对 $\forall i$: $1 \leq i \leq n$，LLaPN$_i$ 是健壮的；

(2) ILaPN$^\#$ 是活的，其中 ILaPN$^\#$ 是由 LaPN$_1^\#$, LaPN$_2^\#$, $\cdots$, LaPN$_n^\#$ 组成的组织间标注工作流网。

定义 3.24 设 $G_f \subseteq R(M_{p0})$ 是 LaPN 的终止状态集，LaPN 是具有良性行为的，当且仅当对 $\forall M_p \in G_f$, $\forall \sigma_1, \sigma_2 \in L(<\text{LLaPN}, M_p>)$, $\&(\sigma_1) \cap (T_{\text{in}} \cup T_{\text{out}}) = \&(\sigma_2) \cap (T_{\text{in}} \cup T_{\text{out}})$。

标注工作流网 LaPN 具有良性行为意味着对 LaPN 的任一目标状态 $M_p \in G_f$，在由 M_{p0} 到 M_p 的任一变迁引发序列中，都包含相同的输入变迁和输出变迁（即通信动作）。应用 LaPN 的良性行为性质，能够明确表达主体的责任，以便使得每个主体履行自己的职责，促使共同目标的实现。在图 3.9 中，若 $G_{fs} = \{(M_{p1}^{(s)}(o_{s1})=1), (M_{p2}^{(s)}(o_{s2})=1)\}$，则容易验证 LaPN$_s$ 是具有良性行为的。

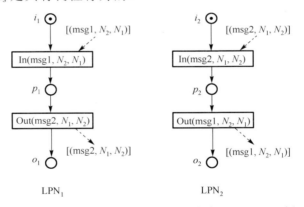

图 3.9　一个非活的组织间标注工作流网 ILaPN 示例

定理 3.3 设 ILaPN 是由 LaPN$_1$, LaPN$_2$, $\cdots$, LaPN$_n$ 组成的组织间标注工作流网。对 $\forall i$: $1 \leq i \leq n$，G_{fi} 是 LaPN$_i$ 的协同终止状态集，且 LaPN$_i$ 具有良性行为。G_f 是 ILaPN 的终止状态集，$\Gamma_{P \to P_i}(G_f) = G_{fi}$，则 $<$ILaPN, $G_f>$ 是无阻塞的，当且仅当对 $\forall i \in \{1, 2, \cdots, n\}$：

(1) $<$LLaPN$_i$, $G_{fi}>$ 是无阻塞的；

(2) $\forall M_p = (M_p^{(1)}, M_p^{(2)}, \cdots, M_p^{(n)}) \in G_f$, $\forall \sigma^{(i)} \in L(<\text{LLaPN}_i, M_p^{(i)}>)$, $\forall t_1^{(i)} \in \&(\sigma^{(i)}) \cap T_{\text{in}}^{(i)}$ 存在 $j \in \{1, \cdots, i-1, i+1, \cdots, n\}$，对 $\forall \sigma^{(j)} \in L(<\text{LLaPN}_j, M_p^{(j)}>)$, $\exists t_1^{(j)} \in \&(\sigma^{(j)})$，有 $t_1^{(i)} \leftarrow t_1^{(j)}$，且对 $\forall t_2^{(i)} \in \&(\sigma^{(i)})$, $t_2^{(j)} \in \&(\sigma^{(j)})$：$(t_1^{(i)} \prec_{\sigma^{(i)}} t_2^{(i)}) \wedge (t_2^{(j)} \prec_{\sigma^{(j)}} t_1^{(j)})$，有 $\neg(t_2^{(j)} \leftarrow t_1^{(i)})$。

在本节中，主要应用组织间标注工作流网描述和分析网络交易系统中主体的责任，以及证据的表示与收集。在网络交易系统运行中，如果每个主体都能够严格地履行自己的责任和义务，可以确保系统达到一个共同目标。而证据的收集能够为解决事后争议及实现不可否认性奠定基础。下面首先给出主体责任的形式表达与分析方法，然后讨论系统运行中证据的收集问题。假设系统的初始标识 $M_0=(M_{p0}, M_{net0})$，且 $M_{net0}=\varnothing$。

本节中，假设组织间标注工作流网 ILaPN 由 n 个标注工作流网 LaPN$_1$，LaPN$_2$,$\cdots$,LaPN$_n$ 组成，且<ILaPN, G_f>是无阻塞的，其中 G_f 是 ILaPN 的终止状态集。在这种前提下分析网络交易系统运行中每个主体的责任，以便为每个主体明确其职责或义务，并促使其履行自己的责任，从而使得系统获得一个共同目标。

尽管 G_f 中的每个共同目标都能使得每个参与者(主体)的利益不受损失，但是不能排除当一个主体获得自己的利益后，而其他主体还没有得到自己的利益时，这个主体可能逃脱，不再跟随协议完成后续的动作，这就给合作者造成损失。例如，在图 3.8 中，当买方执行动作 In(goods, S, B)接收到卖方的商品后，他不再执行动作 Out(money, B, S)，这样卖方就不能得到货款。为了避免上述情况发生，对任一引发序列 $\sigma \in L(<ILaPN, M_{p0}>)$，若 $\sigma \notin L(<ILaPN, G_f>)$，则有责任的主体必须实施一个(些)特定的跟随动作，使得系统最终达到一个共同目标。也就是说，在 G_f 中的任何一个共同目标未达到以前，至少存在一个主体是在责任下，即这个主体有责任实施一个(些)跟随动作。如果所有主体都不在责任下，G_f 中的一个共同目标一定可以实现。

在组织间标注工作流网 ILaPN 中，引发任何一个动作(变迁)都将导致控制流的进展，同时这种进展明确表达了系统下一步将要执行的动作。下面定义主体的责任。

定义 3.25　设 ILaPN 是由 LaPN$_1$,LaPN$_2$,$\cdots$,LaPN$_n$ 组成的组织间标注工作流网，$G_{fi} \subseteq R(M_{p0}^{(i)})$，$i=1, 2, \cdots, n$。$G_f \subseteq R(M_{p0})$，$\sigma \in L(<ILaPN, M_{p0}>)$，$M_0[\sigma>M=(M_p, M_{net})$，且 $M_p \notin G_f$。对任一 $i \in \{1, 2, \cdots, n\}$，$\forall t \in T_i$，主体 LaPN$_i$ 有责任引发变迁 t，当且仅当：

(1) 对 $t \in T_{int} \cup T_{out}$，在 LLaPN$_i$ 中，t 在 $\Gamma_{P \to Pi}(M_p)$ 使能；

(2) 对 $t \in T_{in}$，在 LLaPN$_i$ 中，t 在 $\Gamma_{P \to Pi}(M_p)$ 使能，且在 M_{net} 中存在一个与 $l(t)$ 相匹配的网络信息。

主体 LaPN$_i$ 是在责任下，当且仅当$\exists t \in T_i$，LaPN$_i$ 有责任引发变迁 t。

在定义 3.25 中，为了表达方便，将模拟主体的标注工作流网的模型作为主体的身份。由定义 3.25 知，$\forall t \in T_i$，若 t 在当前标识 $M=(M_p, M_{net})$ 使能，则在 ILaPN 中主体 LaPN$_i$ 有责任引发变迁 t。在 LaPN$_i$ 中，如果多个变迁在当前标识 M 使能，则主体 LaPN$_i$ 有责任或者并发引发，或有条件地，或有选择地引发至少一个变迁。

例如在图 3.8 中，买方在执行动作 In(offer, S, B)后，他有责任有选择地引发动作 Out(order, B, S) 或 Out(refuse, B, S)。然而在图 3.6 中，卖方在引发动作 Out(offer, S, B)后，他有责任有条件地引发动作 In(order, B, S)或 In(refuse, B, S)。

对于 $\forall i$: $1 \leqslant i \leqslant n$，如果 $LaPN_i$ 不在责任下，由 ILaPN 所模拟的系统一定获得了一个共同目标。因此，下面的结论成立。

定理 3.4　设 ILaPN 由 $LaPN_1, LaPN_2, \cdots, LaPN_n$ 组成，<ILaPN, Gf>是无阻塞的，$G_{fi} \subseteq R(M_{p0}^{(i)})$，$G_f \subseteq R(M_{p0})$，$\Gamma_{P \to Pi}(G_f) = G_{fi}$，$i=1, 2, \cdots, n$。对 $\sigma \in T^*$，$M_0[\sigma > M = (M_p, M_{net})$，$M_p \in G_f$，当且仅当任一 $LaPN_i$ $(1 \leqslant i \leqslant n)$ 都不在责任下。

根据定理 3.4，$\forall i$: $1 \leqslant i \leqslant n$，若 $LaPN_i$ 不在责任下，则 G_f 中的一个共同目标被获得。因此，如果 ILaPN 无阻塞，且它的每一主体 $LaPN_i$ $(1 \leqslant i \leqslant n)$ 正确履行自己的责任，那么一定存在变迁引发序列 $\sigma \in T^*$，使得 $M_0[\sigma > M = (M_p, M_{net})$，且 $M_p \in G_f$。

定理 3.5　设<ILaPN, G_f>无阻塞，$LaPN_i$，$i=1, 2, \cdots, n$ 是它的标注工作流网。$G_{fi} \subseteq R(M_{p0}^{(i)})$，$G_f \subseteq R(M_{p0})$，$\Gamma_{P \to Pi}(G_f) = G_{fi}$，$i=1, 2, \cdots, n$。对 $\forall M = (M_p, M_{net})$，且 $M_p \in G_f$，则 M_p 能被获得，当且仅当 $\forall i$: $1 \leqslant i \leqslant n$，$LaPN_i$ 有责任引发序列 $\sigma_i \in L(<LLaPN_i, \Gamma_{P \to Pi}(M_p)>)$。

在交易系统中（见图 3.6 和图 3.8），$M_p(o_{s2}) = 1$，$M_p(o_{b2}) = 1$，$M_p \in G_f = \{(M_{p1}(o_{s1}) = 1$，$M_{p1}(o_{b1}) = 1)$，$(M_{p2}(o_{s2}) = 1$，$M_{p2}(o_{b2}) = 1)\}$，$M_{p0}(i_b) = 1$，$M_{p0}(i_s) = 1$，$M_p \in R(M_{p0})$。如果买方有责任引发序列 $\sigma_2 = $In(offer, S, B)∘Out(refuse, B, S)$\in L(<LLaPN_b, \Gamma_{P \to Pb}(M_p)>)$，且卖方有责任引发序列 $\sigma_1 = \tau$Out(offer, S, B)∘In(refuse, B, S)$\in L(<LLaPN_s, \Gamma_{P \to Ps}(M_p)>)$，则由定理 3.5 知，买卖双方的一个共同目标 M_p 能够被得到。实际上，因为 $\Gamma_{Ts \to T}^{-1}(\sigma_1) = \Gamma_{Tb \to T}^{-1}(\sigma_2) = \sigma$，其中 $\sigma = \tau$Out(offer, S, B)∘In(offer, S, B)∘Out(refuse, B, S)∘In(refuse, B, S)，这两个变迁序列 σ_1 和 σ_2 分别是序列 $\sigma \in L(<ILaPN, M_p>)$ 在 $LaPN_s$ 和 $LaPN_b$ 上的投影序列。根据定理 3.4 和定理 3.5，若买卖双方都能诚实地履行自己的责任，则一个共同目标一定能获得，即或者正常中止，或者成功结束。

由上一小节的分析可知，在电子商务系统中，如果每一个主体都能正确地履行自己的责任，所有主体的一个共同目标最终可实现。但是，在变迁序列 $\sigma \in L(<ILaPN, G_f>)$ 的实施过程中，某一主体可能逃脱，即他虽然执行了协议的某些任务，但不实施自己的跟随动作。在这种情况下，每一个主体必须收集不可否认的证据，并可向任何一个第三方(仲裁者)证明他已执行了哪些输出变迁，而哪些输入变迁由于没有匹配的网络信息不能引发。因此，为实现上述目标，每个主体和通信系统不得不收集不可否认的证据。

数据加密和数字签名技术为电子商务系统的实施提供了有效的安全保证。数据加密技术保证了信息在网络上传输的安全性和可靠性，而数字签名技术保证了信息源的唯一性[39-43]。因此，假设在组织间标注工作流网中，所有输入变迁和输出变迁的引发行为是可证明的，从而在网络条件 M_{net} 中的信息具有不可否认性。事实上，在组织间标注工作流网 ILaPN 中，标识中的网络条件包含了一个案例运行中所有主体发送的全部信息（包含发送者身份、发送时间、接收者身份等主要信息）。此外，基于本章的分析可知，在一个案例的生命周期内，网络条件中的信息一旦拥有将一直保持，直到这个案例的一个共同目标被实现。由于依据发送者的数字签名可以证明网络信息的唯一来源，因此所有的输出变迁的引发是可证明的。然而，对于输入变迁的引发与否，一个主体可以依赖于网络条件和自己的标注工作流网模型中的控制进展情况，来推断出合作者已执行的通信动作，从而得到不可否认证据。再之，根据通信系统的安全性假设，也可以假定一旦某主体将信息发送到网络上，通信系统能够将它安全地传输到相应的接收者，并且这个接收方能够得到那个主体发送的信息。

在图 3.6 和图 3.8 模拟的交易系统中，如果存在变迁引发序列 $\sigma \in L(<\text{ILaPN}_{sb}, R(M_0)>)$，$M_0[\sigma>M=(M_p, M_{net})$，且 $M_{net}=\{[(\text{offer}, S, B)], [(\text{order}, B, S)]\}$，则根据在网络信息 $[(\text{order}, B, S)]$ 上的数字签名，可以断定买方已经执行了动作 $\text{Out}(\text{order}, B, S)$，且买方不能否认这个事实。另外，基于上述网络条件，卖方也能够判定买方已经收到了他的报价（offer）。因此，依据信息的数字签名，这些证据是不可否认的。同时，根据网络条件和系统的组织间标注工作流网模型 ILaPN_{sb}，任何一个第三方能够确定出已经引发的变迁序列 $\sigma = \tau \text{Out}(\text{offer}, S, B) \circ \text{In}(\text{offer}, S, B) \circ \text{Out}(\text{order}, B, S)$，或 $\sigma = \tau \text{Out}(\text{offer}, S, B) \circ \text{In}(\text{offer}, S, B) \circ \text{Out}(\text{order}, B, S)$。若动作 $\text{In}(\text{order}, B, S)$ 已在 σ 中，则卖方有责任引发内部变迁 τ 和输出变迁 $\text{Out}(\text{goods}, S, B)$，否则卖方有责任引发输入变迁 $\text{In}(\text{order}, B, S)$。因此，如果 $\sigma \notin L(<\text{ILaPN}_{sb}, G_f>)$，且系统没有任何控制进展，则卖方或买方有责任实施某些跟随动作。当买卖双方都不在责任下时，G_f 中的一个共同目标必定实现。

在一个案例运行结束后，证据用来解决主体之间的纠纷。然而，若在案例运行后，系统中的每个主体都得到自己的个人目标，就不会引起纠纷。因此，证据仅作为解决事后争端的依据，而在系统运行中将证据转化为迫使主体履行跟随动作的责任。一旦所有主体都正确地履行了自己的责任，则他们的一个共同目标一定能够实现。总之，在组织间标注工作流网模型中，应用网络条件和标注工作流网结构，可以推理出系统运行的轨迹，即系统中已经引发的所有变迁序列。这些引发变迁序列可作为解决事后纠纷的有效证据。

3.5.2　EBPN 的分析与验证

EBPN 模型可以很好地刻画主流的电子商务业务流程，体现三方主体（买方、卖方和第三方支付平台)的交互行为,并能够融合数据流与控制流。数据信息被添加到 EBPN 中,而数据状态用来刻画实际系统中交易状态的变化。然而,设计一个电子商务的业务流程模型是一个复杂和容易出错的任务,为了尽可能在系统设计和建模阶段避免错误的产生,本节提出了一种逐步建模的方式:首先,建立电子商务业务流程的控制流模型,三个刻画交易主体的控制流模型是由一组描述三方主体交易行为的事件构成;然后,构造数据流模型;最后,整合控制流和数据流模型,从而得到一个全局的完整的电子商务业务流程模型。这种建模方法的好处是可以为系统设计人员提供组合业务流程的不同视角,一个完整的 EBPN 模型可以通过细化和组合的方式得到,从而有助于设计人员或用户了解和分析电子商务业务流程。

定义 3.26 设 $EN_1=(P_1, T_1; F_1, D_1, W_1, S_1, G_1)$ 和 $EN_2=(P_2, T_2; F_2, D_2, W_2, S_2, G_2)$ 满足定义 3.1,其中 $P_1 \cap P_2 = \emptyset$,$T_1 \cap T_2 \neq \emptyset$,$F_1 \cap F_2 = \emptyset$,$D_1 \cap D_2 = \emptyset$,$W_1 \cap W_2 = \emptyset$,$S_1 \cap S_2 = \emptyset$,$G_1 \cap G_2 \neq \emptyset$。其合成网为 $EN = EN_1 \odot EN_2 = (P_1 \cup P_2, T_1 \cup T_2, F_1 \cup F_2, D_1 \cup D_2, W_1 \cup W_2, S_1 \cup S_2, G_1 \cup G_2)$。

定义 3.26 为 EBPN 的合成方法,用来合成控制流和数据流模型。基于 EBPN 构建一个电子商务业务流程的步骤为:

(1)构造三方交易主体的控制流模型 $EN_i = (P_i, T_i; F_i, D_i, W_i, S_i, G_i)$,分别对应买方、卖方以及第三方支付平台,其中 $i=1, 2, 3$;

(2)构造电子商务业务流程的数据流 $EN_4 = (P_4, T_4; F_4, D_4, W_4, S_4, G_4)$;

(3)按照定义 3.26 合成三个控制流模型和一个数据流模型得 $EN = EN_1 \odot EN_2 \odot EN_3 \odot EN_4 = (P, T; F, D, W, S, G)$;

(4)设置初始数据状态 $(M_0, \delta_{D0}) = ([p_i(\lambda_i), p_j(\lambda_j), p_k(\lambda_k)], \delta_{D0})$,其中 $p_i \in P_1, p_j \in P_2, p_k \in P_3$,$\lambda_i \in D_1, \lambda_j \in D_2, \lambda_k \in D_3$,$\delta_{D0}(\lambda_i) = \delta_{D0}(\lambda_j) = \delta_{D0}(\lambda_k) = T$,$p_i(\lambda_i), p_j(\lambda_j), p_k(\lambda_k)$ 表示买方,卖方以及第三方支付平台已经准备好开始一次交易。

上述步骤描述了构建一个 EBPN 模型的过程。首先,构建电子商务系统中三方的控制流模型:买方、卖方以及第三方支付平台;第二,根据三方之间的数据交换行为和顺序,构建一个数据流模型;最后,组合控制流和数据流模型得到完整的 EBPN 模型,并设置初始数据状态。

本节提出了基于 EBPN 模型的电子商务业务流程的两个性质:结构合理性与交易一致性。为了处理在建模过程中可能发生的结构错误,提出了结构合理性的概念。接下来,为了确保电子商务业务流程的交易属性,基于电子商务的一些交易属性标准,定义了 EBPN 模型的交易一致性。因此,实际的电子商务系统设计中模糊的结构和交易属性可以转换为形式化的 EBPN 语言。然后,通过形式化的方法可以清晰和确定地验证这些属性。

定义 3.27 设 EN$=(P, T; F, D, W, S, G)$ 为一个 EBPN，序偶对 $<M, \alpha>$ 称为 EN 的一个扩展数据状态，其中 M 为 EN 的一个标识，$\alpha = (\beta, \delta_D)$ 称为扩展的数据配置，其中 $\beta \subseteq D$，δ_D 为每一个 $d \in \beta \cup \{\widehat{M}(p) \mid p \in P\}$ 分配一个 T（真）或 F（假）的布尔值。

在实际的电子商务业务流程中，一些交易参数并不是连续传送的，存储在该会话的数据库中被用于随后的操作。因此，为了对电子商务业务流程本身的性质进行验证，这里对数据状态进行扩展，提出扩展数据状态的概念。这里，M、β 和 δ_D 共同构成一个扩展的数据状态。其中，β 用于描述这种情况：在图 3.7(a) 和 (b) 中，扩展数据状态为 $<M, \alpha>=<[p_1(\text{TListen}), p_2(\text{2orderID, gross})], (\varnothing, \delta_D)>$。简便起见，也可以表示为 $<M, \alpha>=<[p_1(\text{TListen}), p_2(\text{orderID, orderID}F, \text{gross})], \varnothing>$。

扩展的数据状态只是数据状态的简单扩展，其操作规则与数据状态基本一致，只是在状态产生上稍有不同，下面给出其转换规则。

定义 3.28 设 EN$=(P, T; F, D, W, S, G)$ 为一个 EBPN，$<M, \alpha>=<M, (\beta, \delta_D)>$ 为 EN 的一个扩展数据状态，如果变迁 $t \in T$ 在 (M, δ_D) 下是使能的 $(M \xrightarrow{t})$，t 触发之后，新产生的标识 $M'(M \xrightarrow{t} M')$ 满足定义 3.10，同时：

如果 $t \notin T_X$，那么产生的新的扩展数据状态为

$$< M', \alpha' >=< M', (\beta', \delta_D') >$$

$$=< M', (\beta' = \{\widehat{M}(p) \mid p \in P\} \cup \beta \cup \{\widehat{W}(t, p) \mid p \in t^\bullet\} - \{\widehat{M'}(p) \mid p \in P\},$$

$$\forall d \in (\beta \cup \{\widehat{M}(p) \mid p \in P\}) \to \delta_D'(d) = \delta_D(d)$$

$$\wedge \forall d \in \{\widetilde{W}(t, p) \mid p \in t^\bullet\} - (\beta \cup \{\widehat{M}(p) \mid p \in P\}) \to \delta_D'(d) = T)>$$

否则，如果 $t \in T_X$，那么将会产生一个扩展数据状态集

$$\Gamma' = \{< M', \alpha' >=< M', (\beta', \delta_D') >| M \xrightarrow{t} M',$$

$$\beta' = \{\widehat{M}(p) \mid p \in P\} \cup \beta \cup \{\widetilde{W}(t, p) \mid p \in t^\bullet\} - \{\widehat{M'}(p) \mid p \in P\},$$

$$\forall s \in \{\widetilde{W}(t, p) \mid p \in t^\bullet\} \cap S \to \delta_D'(s) \in \{T, F\},$$

$$\forall d \in (\beta' \cup \widehat{M'}(p)) - \{\widetilde{W}(t, p) \mid p \in t^\bullet\} \cap S \to \delta_D'(d) = \delta_D(d)\}$$

定义 3.28 只是在定义 3.16 的基础上对图 3.7(a) 和 (b) 中的 β 进行了相应的设置，基本原理是一致的。根据定义 3.28 可知，只有在一个 EBPN 为数据有界的情况下，才可以使用扩展数据状态的概念。不管是用数据状态表示还是用扩展数据状态表示，一个 EBPN 的可达数据状态图和扩展数据状态图（extended reachability data state graph，ERDSG）的生成算法都是一样的，区别只是状态转换规则稍有不同。

定义 3.29 一个 EBPN 模型 EN = $(P, T; F, D, W, S, G)$ 在初始扩展数据状态 $<M_0, \alpha_0>$（对应一个初始数据状态 (M_0, δ_{D0})）下是可终止的，当且仅当：

(1) $\exists \Delta = \{<M', \alpha'>|<M', \alpha'> \in R<M_0, \alpha_0>, \forall t \in T \rightarrow \neg <M', \alpha'> \xrightarrow{t}\}$；

(2) $\forall <M, \alpha> \in R<M_0, \alpha_0>$，$\exists \sigma = t_1, t_2, \cdots, t_k$ 使得 $<M, \alpha> \xrightarrow{\sigma} <M', \alpha'>$，$<M', \alpha'> \in \Delta$。

定义 3.30 一个 EBPN 模型 EN = $(P, T; F, D, W, S, G)$ 在初始扩展数据状态 $<M_0, \alpha_0>$（对应一个初始数据状态 $<M_0, \delta_{D0}>$）下是合理的，当且仅当：

(1) EN 是数据有界的；

(2) EN 是可终止的；

(3) $\forall t \in T$，$\exists <M, \alpha> \in R<M_0, \alpha_0>$ 使得 $<M, \alpha> \xrightarrow{t}$。

对于一个正在设计的电子商务业务流程，其结构合理性应得到保证。首先，如果一个 EBPN 是合理的，数据有界性必须得到满足，因为数据有界性用以确保交易过程中同一个交易参数的一致性。其次，EBPN 不能无限地运行。相反，它必须达到一些终止状态，以表示电子商务系统已成功完成交易，或出于某种原因终止交易。换句话说，不允许这样的情况存在，即一个交易流程陷入一个循环中而没有任何出口。最后，EBPN 模型的每一个变迁必须都有至少一次触发机会，即 EBPN 没有死变迁。

定理 3.6 一个 EBPN 模型 EN = $(P, T; F, D, W, S, G)$ 是合理的，当且仅当其可覆盖性数据状态图 CRD(EN) = $(B, E; L)$ 及扩展数据状态图 ERD(EN) = $(B', E'; L')$ 满足以下条件：

(1) 在 CRD(EN) 中不存在符号 ω；

(2) 在 ERD(EN) 中，$\exists \Omega = \{b''| b'' \in B', b''$ 没有后继结点$\}$；

(3) 在 ERD(EN) 中，$\forall b' \in B'$，从 b' 到 $b'' \in \Omega$ 存在着一条有向路；

(4) 在 ERD(EN) 中，$\forall t \in T$，$\exists (b', b'')$ 使得 $L(b', b'') = t$。

在合理性保证之后，接下来的验证工作就是要确保 EBPN 的交易属性。立足于现有交易属性，一个电子商务业务流程的主要安全目标是保证下列交易条件：

(1) 如果资金已经从买方的账户转到卖方的账户，那么卖方和第三方支付平台的交易状态要更改为"已支付"；

(2) 如果买方已支付，那么第三方支付平台处于"已支付"状态，而卖方已可以将商品配送至买方；

(3) 一次交易支付的金额要符合商品的价格并且不应该被篡改；

(4) 电子资金在传输过程中不能丢失或破坏。

为了方便分析电子商务业务流程的交易属性，定义了交易一致性作为 EBPN

的安全属性。由于 EBPN 的合理性首先被保证，因此可以构造其可达扩展数据状态图并用来分析交易一致性。

定义 3.31 一个 EBPN 模型 EN = $(P, T; F, D, W, S, G)$ 在初始扩展数据状态 $<M_0, \alpha_0>$ 下是合理的，那么 EN 满足交易一致性，如果 $\forall <M, \alpha> = <M, (\beta, \delta_D)> \in \Delta$ 满足下列条件：

(1) 如果 $\exists \widehat{M}(p_t)$, $\widehat{M}(p_m)$, $\widehat{M}(p_s)$ 使得第三方支付平台处于已支付状态，卖方已处于完成交易状态，并且买方也已处于完成订单状态，那么不存在数据元素 d 使得 $d \in \beta \cup \{\widehat{M}(p) \mid p \in P\} \cap S \rightarrow \delta_D(d) = F$；

(2) $\exists \widehat{M}(p_t)$ 使得第三方支付平台处于已支付状态 $\leftrightarrow \exists \widehat{M}(p_m)$ 使得卖方处于已完成交易状态；

(3) $\exists \widehat{M}(p_t)$ 使得第三方支付平台处于未支付状态 $\leftrightarrow \exists \widehat{M}(p_m)$ 使得卖方处于未完成交易状态。

条件 (1) 表示如果在 EBPN 中存在非法数据，不会使交易达到完成状态。条件 (2) 表示如果买方已支付并且第三方支付平台处于已支付状态，那么卖方必须达到完成交易状态。另一方面，如果卖方永远不能达到完成交易状态，那么第三方支付平台就永远不能达到已支付状态。条件 (3) 表示如果买方没有支付并且第三方支付平台处于未支付状态，那么卖方在该即将完成的交易中不能处于可配送商品状态。上述条件保障各方的利益并保证买方和卖方都处在一个公平的状态，即不存在这样的可能性，使得买家已支付却没有收到货物，反之亦然。换句话说，一方不能损害另一方的利益。

3.6 本章小结

在网络交易系统中，由于应用程序之间相互协调的复杂性，如果业务流程设计不当，控制流和数据流复杂的联动可能会产生资金处理与业务处理不一致的情况，加之人为因素的干扰，极易导致交互行为安全问题。交易流程的静态语法和动态语义的分离是造成业务系统行为难于描述和推理的原因，而 Petri 网可以很好地兼顾到语法和语义问题，实现二者的统一。Petri 网的物理结构可以有效描述流程的静态结构和属性，而网的运行提供了刻画流程动态语义的方法。

本章着眼于业务流程，着重于业务流程的概念设计阶段及业务应用层上保证网络交易业务流程的可信。针对现有网络交易业务流程的特点，提出了基于 Petri 网的标注 Petri 网模型，以及 EBPN，规定了其结构属性和动态属性，并给出了相应的分析方法。

参 考 文 献

[1] 艾瑞咨询. 中国电子商务软件行业研究报告, 2015

[2] 支付宝(中国)网络技术有限公司. 与阿里金融交流——支付宝架构与技术, 2010

[3] Adam N R, Atluri V, Huang W K. Modeling and analysis of workflows using Petri nets. Journal of Intelligent Information Systems, 1998, 10(2): 131-158

[4] 史美林, 向勇, 杨光信, 等. 计算机支持的协同工作理论与应用. 北京: 电子工业出版社, 2000

[5] WFMC. Workflow management coalition terminology and glossary. Technical Report(WFMC-TC-1011), Workflow Management Coalition, Brussels, 1996

[6] van der Aalst W M P. The application of Petri nets to workflow management. Journal of Circuits, Systems and Computers, 1998, 8(1): 21-66

[7] van der Aalst W M P, Lohmann N, Rosa M L. Ensuring correctness during process configuration via partner synthesis. Information Systems, 2012, 37(6): 574-592

[8] 袁崇义. Petri 网原理与应用. 北京: 电子工业出版社, 2005

[9] 吴哲辉. Petri 网导论. 北京: 机械工业出版社, 2006

[10] 蒋昌俊. 离散事件动态系统的 PN 机理论. 北京: 科学出版社, 2000

[11] 蒋昌俊. Petri 网的行为理论及其应用. 北京: 高等教育出版社, 2003

[12] 蒋昌俊. 一类同步合成网合法发射序列判定的一个多项式时间算法. 中国科学, 2002, 32(1): 116-124

[13] 赵文, 袁崇义, 刘刚, 等. 基于 P/T 系统化简方法的工作流过程模型验证. 软件学报, 2004, 15(10): 1423-1430

[14] Tan W, Zhou M C. Business and Scientific Workflows: A Service-Oriented Approach. Hoboken: IEEE Press, 2013

[15] Tan W, Fan Y, Zhou M C. A Petri net-based method for compatibility analysis and composition of Web services in business process execution language. IEEE Transactions on Automation Science and Engineering, 2009, 6(1): 94-106

[16] Xiong P C, Fan Y S, Zhou M C. A Petri net approach to analysis and composition of Web services. IEEE Transactions on Systems, Man, and Cybernetics, Part A: Systems and Humans, 2010, 40(2): 376-387

[17] Zeng Q T, Lu F M, Liu C, et al. Modeling and verification for cross-department collaborative business processes using extended Petri nets. IEEE Transactions on Systems, Man, and Cybernetics: Systems, 2015, 45(2): 349-362

[18] Du Y Y, Jiang C J. Verifying functions in online stock trading systems. Journal of Computer Science and Technology, 2004, 19(2):203-212

[19] Du Y Y, Jiang C J, Zhou M C. A Petri net-based model for verification of obligations and accountability in cooperative systems. IEEE Transactions on Systems, Man, and Cybernetics, Part A: Systems and Humans, 2009, 39(2): 299-308

[20] Du Y Y, Jiang C J, Zhou M C, et al. Modeling and monitoring of e-commerce workflows. Information Sciences, 2009, 179(7):995-1006

[21] Du Y Y, Jiang C J, Zhou M C. A Petri-net-based correctness analysis of Internet stock trading systems. IEEE Transactions on Systems, Man, and Cybernetics, Part C: Applications and Reviews, 2007, 38(1): 93-99

[22] Du Y Y, Jiang C J, Zhou M C. Modeling and analysis of real-time cooperative systems using Petri nets. IEEE Transactions on Systems, Man, and Cybernetics, Part A: Systems and Humans, 2007, 37(5): 643-654

[23] Yu W Y, Yan C G, Ding Z J, et al. Modeling and validating e-commerce business process based on Petri nets. IEEE Transactions on Systems, Man, and Cybernetics: Systems, 2014, 44(3): 327-341

[24] Yu W Y, Yan C G, Ding Z J, et al. Modeling and verification of online shopping business processes by considering malicious behavior patterns. IEEE Transactions on Automation Science and Engineering, 2016, 13(2): 647-662

[25] Yu W Y, Yan C G, Ding Z J, et al. Analyzing e-commerce business process nets via incidence matrix and reduction. IEEE Transactions on Systems, Man, and Cybernetics: Systems, 2016, (99): 1-12

[26] 杜玉越. 电子商务系统的 Petri 网建模理论与分析技术研究. 同济大学博士学位论文, 2003

[27] Wang R, Chen S, Wang X F, et al. How to shop for free online-security analysis of cashier-as-a-service based Web stores// Proceedings of the 32th IEEE Symposium on Security and Privacy, Oakland, USA, 2011: 465-480

[28] Chen E, Chen S, Qadeer S, et al. Securing multiparty online services via certification of symbolic transactions// Proceedings of the 36th IEEE Symposium on Security and Privacy, San Jose, USA, 2015: 833-849

[29] Chen E, Chen S, Qadeer S, et al. A practical approach to protocol-agnostic security for multiparty online services. Technical Report(MSR-TR-2014-72), Microsoft Research, Redmond, WA, USA, 2014

[30] Sun F Q, Xu L, Su Z D. Detecting logic vulnerabilities in e-commerce applications// Proceedings of the 21st Network and Distributed System Security Symposium, San Diego,

USA, 2014: 1-16

[31] Katsaros P, Odontidis V, Gousidou-Koutita M. Colored Petri net based model checking and failure analysis for e-commerce protocols// Proceedings of the 6th Workshop and Tutorial on Practical Use of Coloured Petri Nets and the CPN Tools, 2005: 267-283

[32] Jensen K, Kristensen L M. Coloured Petri Nets: Modeling and Validation of Concurrent Systems. New York: Springer, 2009

[33] Jensen K. Coloured Petri Nets: Basic Concepts, Analysis Methods and Practical Use. New York: Springer, 1997

[34] Accorsi R, Lehmann A, Lohmann N. Information leak detection in business process models: theory, application, and tool support. Information Systems, 2015, 47: 244-257

[35] Ben O L, Angin P, Weffers H, et al. Extending the agile development process to develop acceptably secure software. IEEE Transactions on Dependable and Secure Computing. 2014, 11(6): 497-509

[36] Li X, Xue Y. A survey on server-side approaches to securing Web applications. ACM Computing Surveys, 2014, 46(4): 1-29

[37] Hoglund G, McGraw G. Exploiting Software: How to Break Code. Upper Saddle River: Addison-Wesley, 2004

[38] Katsaros P. A roadmap to electronic payment transaction guarantees and a colored Petri net model checking approach. Information & Software Technology, 2009, 51(2): 235-257

[39] Tycksen J F A, Jennings C W. Digital certificate: U.S. Patent 6189097. 2001-02-13

[40] Zhang X, Parhi K K. Implementation approaches for the advanced encryption standard algorithm. IEEE Circuits and Systems Magazine, 2002, 2(4): 24-46

[41] Reeds Iii J A.Method and apparatus for autokey rotor encryption: U.S. Patent 5724427. 1998-03-03

[42] Merkle R C. A certified digital signature// Proceedings of the Conference on the Theory and Application of Cryptology. New York: Springer, 1989: 218-238

[43] Hoon W L, Kerschbaum F, Wang H X. Workflow signatures for business process compliance. IEEE Transactions on Dependable and Secure Computing, 2012, 9(5): 756-769

第四章　软件系统的风险防控

4.1　引　　言

由于网络交易和支付平台兴起不久，网络交易的安全体系还不是很健全，网络交易流程风险和行为的可信问题也变得越来越突出，已逐渐成为网络交易发展面临的瓶颈问题。目前对如何构建可信的交易组件系统主要有两种观点：一是从软件的可信指标进行考虑，通过分析软件的各种可信性属性，并提出一个综合评价指标，然后通过综合指标值来分析组合后的软件系统是否可信；二是考虑身份可信，主要通过访问控制与身份信任管理来保证软件系统可信，例如数字证书技术。不论是哪种观点，都是围绕网络交易软件系统的风险防控展开的。目前产业界和学术界广泛使用和研究的软件风险防控技术主要包括软件测试技术、定量评估技术、形式化方法以及本书作者所在团队自主研发的系统行为证书方法等。本章将对这些技术和方法进行一个整体的回顾。

4.2　软　件　测　试

计算机软件是计算机科学及应用的核心，其质量的好坏关系到计算机应用系统的成败。软件测试技术是软件开发过程中的一个重要组成部分，是贯穿整个软件开发生命周期、对软件产品进行验证和确认的活动过程。软件测试的目的是为了保证软件产品的最终质量，对软件产品进行质量控制。一般来说软件测试应由独立的产品评测中心负责，严格按照软件测试流程，制定测试计划、测试方案、测试规范，然后实施测试，对测试记录进行分析，并根据测试情况撰写测试报告。测试是为了证明程序有错，而不能保证程序没有错误[1-5]。

软件测试是伴随着软件的产生而产生的。早期的软件开发过程中软件规模都很小、复杂程度低，软件开发的过程混乱无序、相当随意，测试的含义比较狭窄，开发人员将测试等同于"调试"，目的是纠正软件中已经知道的故障，常常由开发人员自己完成这部分工作。到了 20 世纪 80 年代初期，软件和信息产业进入了大发展阶段，软件趋向大型化、高复杂度，软件的质量越来越重要。这个阶段一些软件测试的基础理论和实用技术开始形成，并且研发人员开始为软件开发设计了各种流程和管理方法，软件开发的方式也逐渐由混乱无序的开发过程过渡到结构化的开发过程，以结构化分析与设计、结构化程序设计以及结构化测试为特征[2-6]。

软件测试的方法原则上可以分为两大类，即静态测试和动态测试。静态测试是对被测软件进行特性分析的方法的总称，主要特点是不利用计算机运行被测试的软件，而针对需求说明、设计文件等文档和源程序进行人工检查和静态分析。动态测试是在计算机上实际运行被测试的软件，通过选择适当的测试用例，判定执行结果是否符合要求，从而测试软件的正确性、可靠性和有效性。动态测试的两种主要方法是白盒测试和黑盒测试。白盒测试是对软件内部工作过程的细致检查，它允许测试人员利用程序内部的逻辑结构及有关信息，设计或选择测试用例，对程序所有逻辑路径进行测试。黑盒测试则着眼于软件的外部结构，不考虑程序的逻辑结构和内部特性，在软件界面上检查程序的功能是否符合要求，因此黑盒测试又叫作功能测试或数据驱动测试。白盒测试和黑盒测试不能相互替代，而应互为补充，在测试的不同阶段为发现不同类型的错误而灵活选用。

软件测试过程一般按四个步骤进行，即单元测试、集成测试、系统测试和验收测试（确认测试）。开始是单元测试，集中对用源代码实现的每一个程序单元进行测试，检查各个程序模块是否正确地实现了规定的功能；集成测试把已测试过的模块组装起来，主要对与设计相关的软件体系结构的构造进行测试；系统测试把已经经过确认的软件纳入实际运行环境中，与其他系统成分组合在一起进行测试；验收测试则是要检查已实现的软件是否满足需求规格说明中确定了的各种需求，以及软件配置是否完全、正确[2-4]。如图 4.1 所示的软件测试 V 模型。

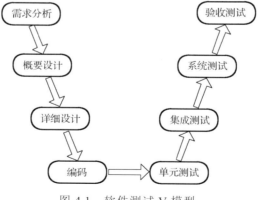

图 4.1 软件测试 V 模型

面向对象的软件设计思想的出现，对软件测试技术，特别是动态测试产生了较大影响。面向对象技术在面向过程的程序设计基础上引入了类的概念，这使得数据与处理之间相对独立。与传统程序中"从上到下""分支""循环"的控制流不同，类与类之间处理的是一种"由外到内"的渗透顺序，同时在数据的定义与引用上也出现了"由内到外"的层次流向，从而产生了新的控制流和数据流，相应地，软件测试也要增加新的内容。

软件模型是对软件结构和软件行为的抽象描述。在充分理解被测软件的基础上，根据被测软件的需求构建可用于测试的软件模型，用来确认"程序正确地实现了其需求"。基于模型的测试适用的测试阶段有单元测试、集成测试和系统测试。基于模型的测试可以发现程序没有实现的功能，并且与具体的编程语言无关，所以基于模型的测试还为测试用例的重用提供了可能。

软件复用作为一种新技术，近年来越来越受到业界和科研工作者的重视[7-9]。软件复用是指利用原有的软件知识、成果、经验进行软件开发的技术。软件复用的对象是指软件产品生产过程中的一切劳动成果，包括项目计划书、可行性报告、需求分析、软件设计和测试等相关文档。测试复用就是在测试过程中通过复用的手段，充分利用以前测试过程中积累的一切有价值的资源，比如测试思想、测试理论、测试技巧、测试工具、测试计划、测试流程、测试规范、测试用例、测试策略、测试报告等。

原始问题的复杂性、软件的复杂性和抽象性、软件开发各个阶段工作的多样性，以及各种层次人员之间工作的配合关系等因素，使得开发的每一个环节都可能产生错误。所以软件测试不仅仅是软件开发的一个独立阶段，而应当把它贯穿到软件开发的各种阶段中，坚持各个阶段的技术审核，才能尽早发现和预防错误。

4.3　软件系统评估

随着网络技术的飞速发展，软件系统的安全性也受到多方面的威胁。最近几年，网络交易系统的风险防控尤其得到重视，比如电子商务、电子银行和电子投票系统等。这些应用服务由网络设备和计算机主机构成，保护这些应用服务和网络设备是非常重要的。为了防止恶意攻击，一些商业硬件和软件已经被设计出来，比如说防火墙、入侵检测系统、病毒防护软件和漏洞扫描软件等。这些保护措施能够帮助减少安全风险。然而，在任何保护措施实施之前，首先应该对系统中的安全风险有一个清晰的认识。网络安全风险评估有助于完成这个目标，它的主要活动包括识别和分类计算机安全风险和选择合适的策略来减少风险的影响。

网络交易系统处于动态、开放的互联网中，由于网络的开放性、系统组成的脆弱性和用户有意、无意的不当操作，因此网络交易系统面临许多风险，这是网络交易系统风险产生的根本原因。基于成本和效益的考虑，需要把风险降低到可以接受的水平，从而使系统的安全性得到提高。为了达到该目标，必须知道系统面临哪些风险，其分布情况和强度如何，并根据安全事件发生的可能性和负面影响的程度来识别信息系统的安全风险，这是软件系统风险评估工作的基本内容。风险评估是网络安全防御中一项重要技术，也是信息安全工程学的重要组成部分。软件系统的安全，在某种程度上，总是与安全风险评估相关。

安全风险评估则是指依据有关信息安全技术标准，对信息系统及由其处理、传输和存储的信息的保密性、完整性和可用性等安全属性进行科学评价的过程。它要评估信息系统的脆弱性，信息系统面临的威胁以及脆弱性，以及被利用后所产生的实际负面影响。风险评估的重要结果就是确定本组织计算机信息系统的安全等级划分；明确需要安全、保密之类的重点防范部位，防止可能存在的威胁带来的冲击；识别、检测是否有安全事件发生，提出安全保护管理策略和总体方案；为包括应急计划在内的安全防范措施的设计提供一整套规范的设计准则，使受冲击的计算机信息系统能够及时有效地恢复到正常状态。风险评估的最终目的是确保计算机信息系统的完整性、机密性、可用性和可控性等，确定信息系统存在的风险及其强度，从而有的放矢地选择安全防护措施，并将风险降低到可接受的程度。

当前，信息安全评估的研究主要是对信息安全评估理论和方法的研究，主要包括两个方面"标准"和"方法"。从严格意义上说，两者具有不同的内涵。"标准"指出了安全评估的目标，而"方法"则阐明如何达到安全评估的各种目标，两者相互联系又相互独立[10-14]。

4.3.1　安全风险评估标准

1983 年美国国防部首次公布了《可信计算机系统评估规则》(Trusted Computer System Evaluation Criteria，TCSEC)，它主要用于操作系统的评估，这是信息技术历史上第一个安全评估标准[15]。1990 年《信息技术安全评估准则》(Information Technology Security Evaluation Criteria，ITSEC)发布，这是英国、法国、德国、荷兰等欧洲国家统一制定的安全评估准则，目标在于成为国家认证机构进行认证活动的一致性基准，而且可以使评估结果得到互相认可[16]。1992 年，《加拿大可信计算机产品评估准则》(Canadian Trusted Computer Product Evaluation Criteria，CTCPEC)草案公布[17]。BS7799 是由英国标准协会 1995 年首次公布，现在已经成为国际公认的安全管理权威标准[18]，BS7799 的第一部分已经在 2000 年被接纳为国际标准。日本电子工业发展协会在 1992 年公布了《日本计算机安全评估准则——功能需求》(Japanese Computer Security Evaluation Criteria-Functionality Requirements，JCSEC-FR)[19]。信息技术安全性评估通用准则(简称 CC)是北美和欧盟合作开发的一个统一的国际互认的安全准则，它已经取代了美国的 TCSEC、欧洲的 ITSEC、加拿大的 CTCPEC，成为事实上的国际安全评估准则。1999 年 CC 被正式批准为国际标准并公布执行[20]。

我国的安全评估标准的制定工作最近一二十年才开始，目前的工作主要集中在组织架构和业务体系的建立，相应的技术体系和标准体系还处于研究阶段。现在已经公布的标准有：1999 年 9 月国家质量技术监督局发布了强制性国家安全标准《计算机信息系统安全保护等级划分标准：GB17859—1999》，它是建立安全等级保护制度、实施安全等级管理的基础性标准[21]；2001 年 3 月 8 日，国家质量技术监督局正式公布了借助 CC 标准的《信息技术 安全技术 信息技术安全性评估准则：GB/T18336—2001》[22]。

4.3.2 信息安全风险评估方法

一般来说，安全评估方法的选择和企业的规模、信息系统的复杂程度、系统要达到的安全级别程度紧密相关。大多数学者一般将安全评估方法分为四大类：定量的评估方法、定性的评估方法、综合的评估方法、基于模型的评估方法。

定量的评估方法是指运用数量指标来对风险进行评估。典型的定量的评估方法有因子分析法、聚类分析法、时序模型、回归模型、等风险图法、决策树法等。定量的评估方法的优点是用直观的数据来表述评估的结果，看起来一目了然，而且比较客观。

定性的评估方法主要依据研究者的知识、经验、历史教训、政策走向等非量化资料对系统风险状况作出判断。它主要以对调查对象的深入访谈作出的个案记录为基本资料，然后通过一个理论推导演绎的分析框架，对资料进行编码整理，在此基础上得出调查结论。典型的定性的评估方法有因素分析法、逻辑分析法、历史比较法、德尔斐法[23]。

要对整个计算机网络系统进行有效的安全评估，采用基于模型的评估方法也是很有效的。动态安全模型的雏形是 P2DR 模型，该模型是在整体的安全策略的控制和指导下，在综合运用防护工具如防火墙、操作系统身份认证、加密等的同时，利用检测工具如漏洞评估、入侵检测等了解和评估系统的安全状态，通过适当的反应将系统调整到最安全和风险最低的状态。从安全体系的可实施、动态性角度，APPDDR 模型的设计充分考虑到风险评估、安全策略的制定、防御系统、监控与检测、响应与恢复等各个方面，并且考虑到各个部分之间的动态关系与依赖性[24,25]。

层出不穷的安全漏洞，自动传播的网络病毒，网络上随处可以下载的攻击程序，尤其是分布式、协同式攻击的出现，对网络安全造成了巨大的威胁。传统的静态网络安全观念已不适应现代网络安全的需要，对动态的安全威胁、系统的脆弱性缺乏足够的描述和应对措施，无法完全反映分布式的、动态变化的互联网安全问题，因此动态网络安全模型应运而生。动态网络安全模型强调的是动态防御，系统的防御能力是随着时间递增的，能够根据现有的安全状况自动调整[10]。

4.4 形式化方法

在计算机科学和软件工程领域，形式化方法是基于数学模型的分析技术，适合于软件硬件系统的描述、开发和验证，主要包括建立精确的数学模型以及对模型的分析。形式化方法能够发现其他方法不容易发现的系统规约的不一致、不明确或不完整，有助于增加软件开发人员对系统的理解，因此形式化方法是提高软件系统，特别是安全关键系统的安全性与可靠性的重要手段。经过 30 多年的研究和应用，如今研发人员在形式化方法这一领域取得了大量、重要的成果，从早期最简单的形式化方法——一阶谓词演算方法到现在的应用于不同领域、不同阶段的基于逻辑、状态机、进程代数等众多形式化方法。形式化方法的发展趋势逐渐融入软件开发过程的各个阶段，从需求分析、功能描述、系统设计、编程、测试直至维护[26,27]。

随着网络交易用户数量的增加和服务类型的多样化，网络交易系统愈来愈庞大、愈来愈复杂，这使得网络交易系统的设计和分析更加困难。一般情况下，网络交易系统的需求规范采用非形式化方式描述，这种描述具有二义性。然而，应用形式化方法对网络交易系统进行模拟与验证，能够为系统设计者提供一种既明确又便于理解和掌握的系统整体架构，帮助设计者查找系统设计中的漏洞或缺陷，验证系统的活性、安全性、公平性和正确性等动态行为性质，使其更加规范、有效、合理。因此，形式化技术在网络交易系统设计与分析中起着十分重要的作用。目前，电子商务系统的形式描述与分析方法可分成四大类：一般形式化方法、基于逻辑的方法、基于 Petri 网的方法和基于工作流网的方法。然而，对形式化方法的分类也没有严格的标准。实际上，很多形式化方法并不是采用一种单一的形式化技术，而是两种或多种技术的综合应用。

目前，用于网络交易系统形式化描述与验证的一般方法主要包括：基于自动机和形式语言的方法、基于自定义信息系统描述语言的方法、基于图形分析工具的方法和基于进程演算与语言的加密协议分析方法。此外，加密协议的形式化分析方法，重点是分析系统的安全性质，如参与方之间身份的确认、随机数、信息的加密和解密等。

在网络交易系统形式化分析中，常用的逻辑模型检查方法主要有：基于模态逻辑的方法、基于计算树逻辑(computation tree logic，CTL)的方法、基于道义逻辑(deontic logic)的方法、基于时序逻辑的方法、基于时序信念逻辑(temporal belief logic)的方法等。目前，Petri 网应用于网络交易系统形式模拟与分析的方法很多，主要包括：基于时间 Petri 网的方法、基于时序 Petri 网的方法、基于文档 Petri 网（documentary Petri net）的方法、一般 Petri 网分析方法、高级 Petri 网分析方法等。此外，还有一些基于 Petri 网和高级 Petri 网的密码协议分析方法[28,29]。

网络交易系统设计的主要问题是如何将分布在各参与者中的交易流程集成为一个整体，使其成为一个公共的应用体系，并且利用网络实现进程之间的通信。工作流管理是能够完成电子商务体系设计的主要技术之一。工作流技术为电子商务系统交易进程提供了计算机支持的模拟、执行、监控和系统重构。这些计算机实施的进程可被视为工作流[30]。因此，利用工作流技术可以模拟分析电子商务系统的主要部分。目前，许多学者致力于工作流管理系统的模拟验证。由于 Petri 网适合于描述系统的异步、并发等性质，并且 Petri 网是一个完善的模拟和分析进程的工具，故其作为工作流管理系统的分析工具有很多优势。一方面，Petri 网可用作复杂工作流规范说明的设计语言；另一方面，Petri 网理论为分析工作流进程的正确性提供了有力的分析技术。因此，在工作流系统的形式化方法中，多数都以 Petri 网作为基本的模型工具[31-33]。

4.5　软件系统行为证书方法

数字证书是网络环境下一种有效的身份认证机制，然而作为一种静态的认证机制，它无法处理"盗用身份"和"利用合法身份做非法事情"等问题，而且如果有该类情况发生，一般只能进行事后分析和离线检测，而不能进行实时认证。为此我们提出行为证书的概念，根据行为进行认证。行为证书和数字证书互相补充，将它们共同用于电子交易认证体系中。根据认证对象的不同，将行为证书分为用户行为证书和软件行为证书，下面首先介绍软件行为证书，下一章会介绍用户行为证书。

软件行为证书用于规范网络交易业务流程的行为，保证交易系统实际执行过程不会超出预期。在软件行为分析与证书构建方面，我们基于上述提出的 Petri 网模型及软件行为在线分析机制，设计了软件行为证书构建与认证过程。软件行为证书根据客户、电子商务网站、第三方支付平台在正确交易流程下的三方通信数据包，由专业人员刻画三方正常合法交互行为，形成软件行为模型，从而构建软件行为证书。软件行为分析整体流程如图 4.2 所示。假设第三方支付平台总是可信的，并不会利用其合法身份从事非法行为或者冒充其他身份。因此，行为证书由第三方支付平台进行颁发与认证，而行为证书中包含的就是由 Petri 网建模并固化下来的整个多方交易交互合法行为模式。监控器也由 Caas.CA 进行颁发。电子商务网站注册为第三方支付用户后，Caas.CA 颁发行为证书，并下载监控器，由于电子商务网站也并不总是可信的，所以对其行为也有必要进行监控。客户在注册电子商务网站用户以及第三方支付平台用户后，由 Caas.CA 颁发行为证书，并下载监控器。一旦客户登录电子商务网站，监控器自动监控，与行为证书进行实时对比[34, 35]。

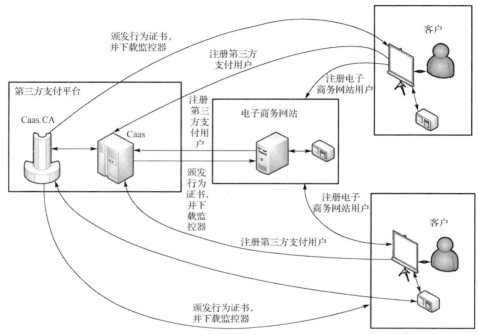

图 4.2　软件行为分析整体流程

　　基于 Petri 网的软件行为监控验证系统由电子商务平台模块、三方行为监控模块、软件行为实时验证系统模块等组合而成，系统的整体架构如图 4.3 所示。其中，三方行为监控模块和软件行为实时验证系统模块是整个系统的核心。三方行为监控模块主要监控三方交易交互数据包并提取必要信息(URL 地址、参数等)，将关键信息以数据包的形式发送给软件行为实时验证系统。软件行为证书将三方之间的交互过程抽象成 Petri 网，将三方每次执行一步作为一个变迁，例如修改数据库、修改订单状态等；将三方特定的行为理解为触发条件并抽象为库所，如订单消息、状态消息等和单击购买按钮行为等；同时，规定一个变迁中每个输入库所必须有且唯有一个 token，变迁才有资格被触发。在软件行为证书构建完成后，三方身份判别由软件行为实时验证系统来实现。软件行为实时验证系统在接收三方监控器分别提交的交易交互信息数据包后，提取并整合其中的关键序列与信息，并根据全球唯一订单号，将用户行为交互序列与软件行为模型进行实时对比，一旦发生乱序、假冒身份等非法行为则进行警报并关闭交易。

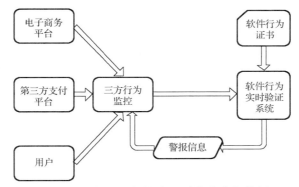

图 4.3 软件行为监控验证系统整体架构图

我们模拟了一个电子商务网站和第三方支付平台，根据第三方支付平台的讨论专区、付款和存储功能，基本实现了一个电子商务网站的功能。电子商务模拟平台用来模拟商业软件 Interspire 和第三方支付平台 PayPal Standard 的主要功能以及相互之间的通信。它主要包括两个部分：电子商务网站与第三方支付平台。网络交易模拟平台如图 4.4 所示。

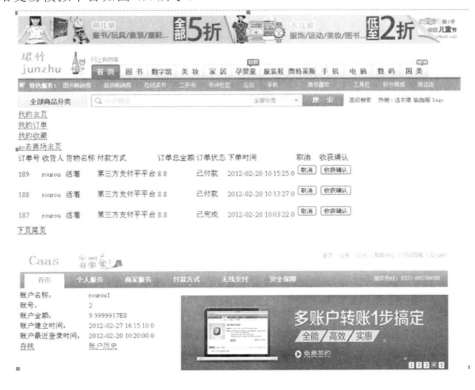

图 4.4 网络交易模拟平台

　　行为监控模块以 jpcap 为基础，通过捕获以及分辨三方通信时所产生的数据包，提取出必要信息，包括 URL 地址及参数信息，以及交易三方中电商编号和第三方支付平台编号，并确定三方实时行为，随后与软件行为实时验证系统建立 socket 连接，将关键信息以 TCP 数据包的形式发送给软件行为实时验证系统。配置文件解析模块主要负责读取配置文件以及行为证书中的 Petri 网，行为证书在由 Caas.CA 颁发后存储在本地，其中 Petri 网则以 XML 文件格式存储。配置文件解析模块负责从配置文件 config.xml 中读取 Petri 网的存储地址，并且将其以特定的数据结构读入内存，方便行为监控器实时对比。三方交互行为对比模块主要负责将由用户行为监控模块提交上来的数据包信息进行分析与实时对比，确定是否包含 token、input、output 等信息，如满足条件则触发变迁，运行行为证书中的 Petri 网。软件行为实时验证系统流程如图 4.5 所示，事件捕捉如图 4.6 所示。

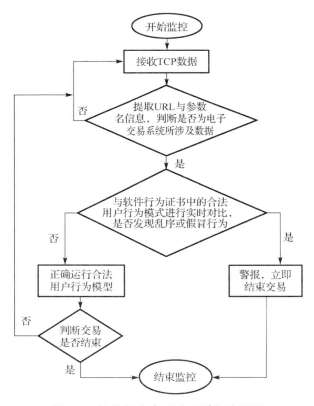

图 4.5　软件行为实时验证系统流程图

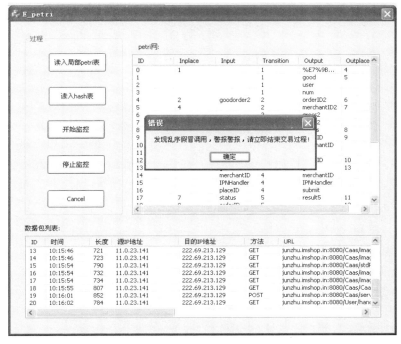

图 4.6　事件捕捉

4.6　本 章 小 结

　　随着网络交易的不断发展，网络交易流程的实体和方式不断发生变化，开放、动态网络环境也使得网络交易系统面临的环境复杂多样。因此，网络交易软件系统的流程设计和构造存在的可信隐患会导致以业务流程为核心的网络交易系统在运行时出现不可预期的行为。研究识别业务流程与系统实现中的潜在安全风险，并设计针对性的防控体系是很有价值的。网络交易系统及其业务流程设计不当，将造成资金处理与业务处理不一致，并对客户和第三方支付平台造成损失。几十年来，国内外学者在相关领域都做了大量的有价值的工作，包括早期的软件测试技术到现在的风险评估方法等。本章回顾了目前产业界和学术界广泛使用和研究的软件风险防控技术，主要包括软件测试技术、风险评估技术、形式化方法以及作者团队自主研发的系统行为证书方法等。行为证书对网络交易系统行为进行形式化的规约与验证，以动态的方式反映网络交易活动的行为序列和逻辑，进而实现对各交易主体行为的实时在线监测，满足网络交易系统行为的可预期性要求。

参 考 文 献

[1]　杨根兴, 蔡立志, 等. 软件质量保证、测试与评价. 北京: 清华大学出版社, 2007

[2]　徐芳. 软件测试技术. 北京: 机械工业出版社, 2012

[3]　薛赛男, 赵伟. 软件测试技术——计量测试技术的新领域. 计量技术, 2003, 5: 28-31

[4]　周煜, 周国庆, 奚文骏. 软件测试技术概述. 中国测试技术, 2005, 31 (3): 56-75

[5]　Mc Clure C. Software Reuse Techniques. Upper Saddle River: Prentice Hall, 1997

[6]　Mayrhauser A V, Mraz R T, Walls J, et al. Domain based testing: increasing test case reuse// Proceedings of the 1994 IEEE International Conference on Computer Design: VLSI in Computer & Processors, Washington, DC, USA. IEEE Computer Society, 1994: 484-491

[7]　张娟. 软件测试中测试用例复用的研究. 上海大学博士学位论文, 2012

[8]　夏启明. 软件测试及评价的复用策略研究及其实现. 武汉大学博士学位论文, 2010

[9]　杨芙清, 梅宏, 谢冰, 等. 面向复用的软件资产与过程管理. 北京: 清华大学出版社, 2008

[10]　廖年冬. 信息安全动态风险评估模型的研究. 北京交通大学博士学位论文, 2009

[11]　胡勇. 网络信息系统风险评估方法研究. 四川大学博士学位论文, 2007

[12]　郭红芳, 曾向阳. 风险分析方法研究. 计算机工程, 2001, 27 (3): 131-132

[13]　全国信息安全标准化技术委员会. 信息技术安全技术信息系统安全保障等级评估准则第一部分: 简介和一般模型, 2004

[14]　曲成义, 陈晓桦. 信息系统安全评估概念研究. 信息安全与通信保密, 2003, (9)

[15]　Trusted computer system evaluation criteria, DoD 5200.28-STD, 1985. https://csrc.nist.gov/csrc/media/publications/conference-paper/1998/10/08/proceedings-of-the-21st-nissc-1998/documents/early-cs-papers/dod85.pdf

[16]　Information technology security evaluation criteria: version 1.2, 1991. http://www.iwar.org.uk/comsec/resources/standards/itsec.htm

[17]　Canadian trusted computer product evaluation criteria. http://ieeexplore.ieee.org/document/143768/

[18]　BSI/DISC Committee BDD/2. Code of practice for information security management: BS7799, 1999

[19]　Japanese computer security evaluation criteria. https://www.acronymattic.com/Japanese-Computer-Security-Evaluation-Criteria- (JCSEC) .html

[20]　The common criteria for information technology security evaluation. https://www.iso.org/obp/ui/fr/#iso:std:iso-iec:15408:-3:ed-3:v2:en

[21]　国家质量技术监督局. 计算机信息系统安全保护等级划分标准: GB17859—1999

[22] 国家质量技术监督局.信息技术 安全技术 信息技术安全性评估准则: GB/T18336—2001

[23] 冯登国, 张阳, 张玉清. 信息安全风险评估综述. 通信学报, 2004, 25(7): 10-18

[24] P2DR 模型. https://www.scientific.net/AMM.347-350.2773.pdf

[25] 李涛. 网络安全概论. 北京: 电子工业出版社, 2004

[26] 古天龙. 软件开发的形式化方法. 北京: 清华大学出版社, 2008

[27] Francez N. Program Verification. Upper Saddle River: Addison-Wesley, 1992

[28] 张广泉. 关于软件形式化方法. 重庆师范学院学报: 自然科学版, 2002, 19(2): 1-9

[29] 杜玉越. 电子商务系统形式化分析与验证技术综述. 聊城大学学报: 自然科学版, 2004, 17(2): 15-27

[30] Liu G J, Jiang C J. Net-structure-based conditions to decide compatibility and weak compatibility for a class of inter-organizational workflow nets. Science China: Information Sciences, 2015, 58(7): 1-16

[31] Pan L, Ding Z J, Zhou M C. A configurable state class method for temporal analysis of time Petri nets. IEEE Transactions on Systems, Man and Cybernetics: Systems, 2014, 44(4): 482-493

[32] Yu W Y, Yan C G, Ding Z J, et al. Modeling and verification of online shopping business processes by verification of online shopping business processes by considering malicious behavior patterns. IEEE Transactions on Automation Science and Engineering, 2016, 13(2): 647-662

[33] Wu Y, Yan C G, Liu G J, et al. An adaptive multilevel indexing method for disaster service discovery. IEEE Transactions on Computers, 2014, 64(9): 2447-2459

[34] 蒋昌俊, 陈闳中, 闫春钢, 等. 软件行为监控验证系统: 201410014450.6. 2015-08-19

[35] Zhong J Z, Yan C G, Yu W Y, et al. A kind of identity authentication method based on browsing behaviors// Proceedings of the 7th International Symposium on Computational Intelligence and Design, 2014: 279-284

第五章　用户行为的风险防控

5.1　引　　言

随着网络及电子商务的蓬勃发展，网银、支付宝等逐步成为人们网上购物时首选的支付方式。然而，网上支付方式给人们带来方便快捷的体验的同时，也带来了许多安全隐患，给不法分子们提供了可乘之机。CSDN、人人网等用户账号泄露事件，对于网络交易安全更是一次极大的挑战。在所有的风险防控策略中，用户身份认证是必不可少的一部分。身份认证的目的是尽可能确认用户的身份，以保证用户的成功访问和个人账户的私密性。现有的身份认证技术主要包括三类：第一，记忆信息，如密码、个人识别码（personal identification number，PIN）等；第二，辅助设备，如身份识别卡（identification card，ID）、访问令牌、PC卡、智能卡、无线识别代理等；第三，生物特征，如指纹、虹膜、掌纹、声音等，这些被称为生物识别技术。这些传统的身份认证技术各有优缺点：记忆信息难于记忆，同时容易泄露；辅助设备需要随身携带且易失窃或失效；生物特征认证需要额外的硬件设备，且成本较高，并有可能侵犯用户隐私。本章对现有的身份认证技术，包括数字证书技术，进行了简单的回顾，并介绍了作者团队研发的基于用户行为模式的相关技术和方法。用户行为证书根据从用户电子交易日志中挖掘出的用户行为特征进行构建，将生成的行为证书存储在第四方认证中心进行管理。

5.2　身份认证技术

准确识别用户身份、验证用户身份合法性一直是各安全机构和企业的目标，尤其是在涉及资金转账、隐私数据获取等应用领域，如何能够在不影响用户体验的前提下，快速准确地对用户身份进行认证，是身份认证技术所需要解决的问题。随着硬件采集设备和数据分析技术的发展，现阶段身份认证技术已经从模式固定的单一化身份认证，发展为多种身份识别技术融合的"集成式"身份认证。下面将对如今广泛应用的几种主流身份认证方法进行介绍。

（1）最常用到的身份验证方式为账号/密码匹配。无论是网银的六位数字密码还是其他复杂的数字、大小写字母组合，密码一直是用户身份验证最为直接有效的手段。近年来，随着智能手机的普及，以密码+手机短信验证码作为验证手段的双重身份认证一直是用户身份验证的主要手段。其验证的基本思想就是假设同一用户多端信息同时被盗为小概率事件，即若用户电脑端账号密码信息被盗，则可通过手机端进行防止，反之亦然。然而该种方法并不能阻止账号冒用等攻击手段[1-4]。

（2）通过图形验证码、问题验证等方式辅助账号/密码匹配对身份信息进行验证[5,6]。该验证方式主要用于识别用户是否为机器人，且因图形库可通过众包、图像识别等方式进行标注，因而应用成本低。近年来，托块滑动、鼠标轨迹等验证手段相继出现，使人机识别手段更加多元化。

（3）生理特征认证，即通过指纹、面部、虹膜、声纹和静脉等生理特征对用户身份信息进行认证。运用生理特征识别用户身份一直受到各安全机构的青睐，因为用户的生理特征具有唯一性，且识别速度快。但生理特征认证应用难以大规模普及，是因为其信息输入需要额外的硬件设备加以辅助。近年来，智能终端逐渐将各种生理特征输入设备集成进去，其目的就是要通过生理特征对用户身份进行识别。然而，随着信息处理技术的提升，生理特征信息变得越来越容易被"仿造"，从而越过验证系统，对用户信息安全造成威胁。如 Mahmood 等发现，当伪装者带上根据目标用户设计的特定眼镜后，伪装者可以轻易通过现有主流的几个人脸识别系统，进而冒名目标用户[7]。因此，生理特征认证并不能完全防止恶性行为的发生。

（4）通过用户的行为进行身份认证。用户的行为包括多个方面，如走路的步态、签名的笔画顺序都可以看作用户的行为[8-11]。在智能终端，终端内置的陀螺仪和重力感应器等传感器可感知用户对于终端的握持姿势和倾斜角度等，这些可以看作用户对于终端的使用行为，通过对这些行为的建模，就可以刻画出每个用户对于智能终端的使用行为模型，通过行为模型与使用数据的差异性识别用户的身份。对于智能终端用户行为的建模及认证，最有代表性的应该是 Google 的 Project Abacus 项目，该项目力求通过陀螺仪、重力感应器、前置摄像头等传感器，建立用户的面部图像模型，手持模型等多个终端使用及生理特征模型，进而取代在移动端的账号/密码匹配的身份认证方式[12]。而在电脑端，用户的鼠标滑动轨迹、键盘敲击序列和网页浏览序列等都可以作为用户行为，进而可以提取每个用户的个性化特征进行身份认证[13,14]。有别于账号/密码匹配及生物特征认证的静态一次性认证方式，行为认证对用户身份的识别是一个动态持续的过程[15-17]。

基于行为的认证方式是近年来学术界和产业界在用户身份认证、网络安全方面的研究热点[18-20]。在中国，最大的第三方支付平台支付宝就在其风控系统中融合了用户的行为特征来进行网络交易风险控制及用户身份、恶意案例的识别。因而，下一节会讨论一些在行为认证过程中用到的技术。

5.3　基于行为的身份认证技术

这一节主要从用户的智能终端触屏行为、键盘敲击行为、鼠标运动轨迹等方面讨论一些基于行为的身份认证技术。这些技术主要运用了机器学习中的一些方法来刻画用户的行为模型，通过对比当前用户的行为序列与行为模型的匹配程度来给出当前用户身份的置信度，进而达到身份认证与预警的目的[21-23]。

5.3.1　用户移动端行为认证技术

移动端用户行为可以从触屏行为和手持姿势两个角度出发。在触屏行为方面，可通过构建用户对屏幕点压方式模型，对用户身份进行认证。目前，模型构建方法主要分为统计学方法、神经网络方法、模糊逻辑方法和数据挖掘方法等几大类。由于移动端用户触屏行为数据可分为时间特征数据和压力特征数据，存在复杂的非线性关系，因此选用可映射任意复杂的非线性关系的神经网络模型来对移动端触屏行为进行建模，如径向基函数（radial basis function，RBF）神经网络。径向基函数神经网络由输入层、隐藏层、输出层三层组成。输入层节点只传递输入信号到隐藏层，隐藏层节点由像高斯函数那样的辐射状作用函数构成，而输出层节点通常是简单的线性函数。隐藏层节点的基函数对输入层传递的信号在局部产生反应，即输入信号越接近基函数中心，隐藏层的输出越高，这表明了径向基函数神经网络具有局部逼近能力。径向基函数神经网络的基本训练模式是，对于训练中的每个输入向量，需要为其分配一个预期输出向量，该输出向量表示对输入向量的预期分类。对于同一个类的输入向量，需要为其分配相同的输出向量，作为训练的基础。神经网络输入层节点数与输入向量维数相同，输出层节点数与预期的输出向量维数相同，隐含层节点数根据具体的训练算法不同而有所不同。径向基函数神经网络的训练算法包括随机算法、自组织学习算法和最近邻聚类学习算法等，它们用于选取径向基函数神经网络隐藏层节点的基函数中心以及隐藏层节点与输出层节点之间的连接权值，利用输入-输出对及训练算法对神经网络进行训练。

在特征选择方面，移动端用户触屏行为特征作为模式构建的基础，用户的一次触屏操作可以分为按键按下和按键弹起两个事件；搭载了触摸屏移动端设备，包括智能手机等，可以通过压力传感器采集到用户在虚拟软键盘上点击按键时的压力与接触面积，作为压力相关特征。

时间特征选择上，移动端用户虚拟键盘行为与传统键盘行为类似，按下是指用户手指接触触摸屏，并使移动端系统产生触摸反馈；弹起是指用户手指离开触摸屏，并使移动端系统的触摸反馈消失。按键持续时间是指一个按键的按下到该按键抬起的间隔时间，表示一次按键事件的持续时间；按键间隔时间是指在连续输入的字符序列中，一个按键弹起到下一个按键按下的间隔时间，表示一次按键事件结束与下一次按键事件开始的时间间隔。如图 5.1 就刻画了一次用户触屏行为的时间特征序列。

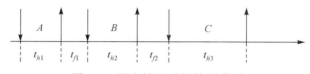

图 5.1　用户触屏时间特征序列

压力特征选择上，由于用户是在触摸屏上操作，因此可以通过传感器获取每次按键操作的压力和接触面积，这是移动端键盘行为不同于传统键盘行为的重要区别。在 Android 平台下，压力与接触面积均为一个 0～1 之间的相对值，取值与硬件传感器量程与灵敏度有关。可将压力与接触面积组合为压力特征向量，作为移动端用户虚拟键盘行为认证所独有的特征。

除了上述定义的特征外，移动端用户触屏的按键持续平均时间(输入字符串中按键持续时间的平均值)和平均压力(输入字符串中所有按键操作的平均压力)等都可以作为行为特征对用户进行建模。在对移动端用户键盘行为特征进行模型构建的过程中，可以依据模型的特点选择合适的特征进行模型构建。

每个用户在智能终端使用过程中，除了触屏行为存在差异外，其手持姿势及姿态也存在着明显的个性化差异，借助于智能终端携带的陀螺仪、磁力计等传感器，可以采集这部分行为数据构建用户手持姿势行为特征，进而进行身份认证。在特征信息提取上可以从两个方面刻画用户输入时的手势行为特征，一个是用户手指在手机触摸屏上的手势行为，另一个是用户输入手势密码的姿势行为。为了刻画用户的手势行为，可以采集手指与触摸屏的接触面的中心的 x、y 坐标，以及压力、接触面积。为了刻画用户的姿势行为，使用手机的方向传感器来采集手机屏幕方向的 x、y、z 坐标，以及使用手机加速度传感器来采集手机加速度的 x、y、z 坐标。其中，手机屏幕方向的 x、y、z 坐标可采用如下坐标系(见图 5.2)：

x 轴——y 轴与 z 轴的向量积(与设备所处位置处相切且大约指向东方)；

y 轴——在设备所处的位置处与地面相切且指向磁北极；

z 轴——指向地心并与设备所处位置地面垂直。

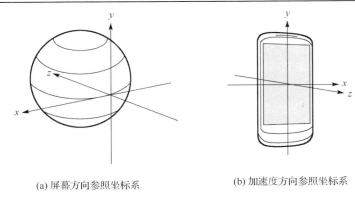

(a) 屏幕方向参照坐标系　　　　　　　　(b) 加速度方向参照坐标系

图 5.2　　手机屏幕方向的坐标系

因此，由上述坐标系定义可知，手机屏幕方向的 x 坐标表示俯仰角，y 坐标表示翻转角，z 坐标表示方位角。另外，手机加速度的 x、y、z 坐标采用如下坐标系（见图 5.2(b)），该坐标系相对于手机屏幕定义：

x 轴——水平并指向屏幕右方；

y 轴——垂直并指向屏幕上方；

z 轴——垂直于屏幕并指向手机前屏幕外面。

通过手势及姿势行为数据的提取，可将用户姿势数据加入到用户手势认证过程中。利用用户输入手势密码时，由手机触摸屏采集到的手指坐标、压力、接触面积等用户手势相关数据，及由手机的方向传感器与加速度传感器采集到的用户姿势相关数据，构建一个行为认证模型。用户只有输入正确的手势密码且通过行为模型的认证才能够正常登录。这样即使用户手势密码被盗，该认证模型依旧可以提供一定的安全保证。并且由于行为特征包括两个方面，行为认证模型的构建可以分两步：首先，根据反映用户姿势的特征聚类出该用户的若干个姿势，并确定一个阈值来判定当前姿势是否属于该用户；其次，为用户的每个姿势分别使用分类算法训练一个手势认证模型，用于判定该姿势下用户手势是否合法。这样，可以首先判断用户姿势是否符合用户的习惯，若符合则识别当前用户属于何种姿势，之后利用该姿势下的手势认证模型进行再次认证。

5.3.2　用户键盘敲击行为识别技术

针对用户的生物特征以及行为习惯，例如用户按键行为，具有不容易被模仿和获取的特点[24,25]，设计基于用户键盘敲击行为的身份认证模型，可以更好地识别用户身份。用户键盘行为认证通过采集用户的键盘行为数据，对用户的键盘行为数据进行分析和建模，针对用户建立其独有的键盘行为模式，作为身份认证的依据。

　　用户键入密码时的时间特性跟年龄、性别、对计算机的熟悉程度等都有联系，不同用户的键盘行为模式是难以被他人模仿和盗用的。通过采集用户的键盘行为数据，建立用户独有的键盘行为模式，利用其键盘行为模式的不可模仿性认证和识别用户。根据隐马尔可夫模型（hidden Markov model，HMM）的特点和功能，针对用户键盘行为模式可以构建相应的隐马尔科夫模型。在用隐马尔可夫模型对用户敲击行为进行识别时，行为识别属于隐马尔可夫模型中的评估问题，通过训练已采集到的用户键盘敲击数据集 D，可以训练出相应的隐马尔可夫模型，当用户登录系统时，通过对用户敲击密码的动作，可得到新的一组观察序列 O。因此，可得 $P(O \mid \text{HMM})$，同时根据阈值 TH，当 $P(O \mid \text{HMM}) > \text{TH}$ 时，可判定登录用户是同一用户。

　　图 5.3 为键盘行为模式的隐马尔可夫模型，图中 A 为状态转移矩阵，η_i 为发射向量，π 为初始向量，$y_1 \sim y_n$ 为观测到的序列，即采集的待估键盘行为数据，通过计算观测序列的概率可以判断此观测序列是否为已知键盘行为模式的合法数据。其中，$P(q_{t+1}^j \mid q_t^i) = A_{ij}$，$t$ 表示一个离散时间点，q^i 表示第 i 个状态。η 为发射向量，$\eta_i = P(y_t \mid q_t^i)$，表示第 i 个隐含状态到观测状态的发射概率。

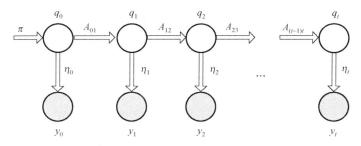

图 5.3　键盘行为模式的隐马尔可夫模型

　　键盘按键行为模式建模与认证是根据用户一段时间内账户登录时输入密码的历史按键信息进行数据分析并建立相应的用户模型，并对于新的待测数据进行模型计算，以识别用户身份。对于多人共用账户，每个合法的成员都有自己独特的键入行为模式，单单使用键入行为来判断会有很大的误判率。所以对于多用户账号，模型构建的关键在于区分数据来源，对同一账号下的键盘行为数据进行聚类处理，聚类的最终结果要求同个簇为同一个用户的键盘行为数据，不同簇为不同用户的键盘行为数据，簇之间彼此不相交，再对聚类后的每个簇进行键盘行为模式的建模。采用聚类后再进行键盘行为模式构建，提高了此类场景下用户键盘行为模式构建的准确性，也为后期认证准确性的提高提供了保证。

　　要对用户进行键盘行为模式的构建，首先要选择合适的键盘行为特征作为模式构建的基础。用户的一次键盘操作可以分为按键按下和按键弹起两个事件，目前键盘行为研究的主要特征均是根据这两个事件的操作产生的相关量产生的。其主要的键盘行为特征可以分为时间特征和非时间特征两大类。时间特征主要是按键持续时间、按键间隔时间等；非时间特征主要有击键压力、击键速度等。在基础特征的基础上，用户的键盘行为特征还有其他一些特征，主要有击键模式矩阵、键盘行为模式有向图、击键压力、每秒平均敲击次数等。

图 5.4 所示为键入序列 $<S_1, S_2, S_3, S_4, S_5>$ 构成的键盘行为模式有向图，在此基础上，可以根据建模的需要在有向边上加入权值，如按键持续时间、按键间隔时间等。

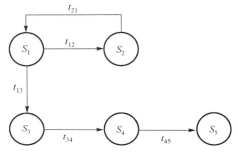

图 5.4　按键序列有向图示例

K-means 算法是一种基于形心的分类方法，簇的形心就是这个簇的中心点，这类方法采用簇的形心来代表这个簇。通过 K-means 对多用户数据聚类，剔除异常数据，并以区分数据是否来源于不同的用户。在账号的键盘行为数据中，任意选择一个样本点，计算其余样本点到该样本点的欧式距离的方差，由于单个用户的键盘行为数据点较为集中，相对于存在多个用户账号下的数据，只有一个用户时的方差较小，而单账号多用户情况下的方差较大，以此判断账号下是否存在多个用户。

可以通过改进 K-means 算法，在 K-means 算法中加入方差判别条件来判断账号下是否存在多个用户，判定是否需要进行聚类处理。计算账号下样本点到某一随机点欧式距离的方差，利用此方差判定是否需要聚类，并自动识别账号下的用户个数。通过取随机样本点，计算其余数据点到该点欧式距离的方差，利用该方差来判别账号是否为多用户账号。假设样本集为 $\{D_1, D_2, \cdots, D_p\}$，$D_i = \{D_{i1}, D_{i2}, \cdots, D_{in}\}$，其中 p 表示样本集中按键持续序列的个数，任意选择一个样本点 $D_x = \{D_{x1}, D_{x2}, \cdots, D_{xn}\}$，计算样本集中其余样本点到 x 点的距离的方差。对于单账号单用户和单账号多用户两类账号分别采用此方法计算其样本集下的方差，对比两者方差的差异，确定方差判别阈值。阈值用以判定账号下是否有多个用户，在改进后的 K-means 算法中，当所有簇的方差均小于阈值时，算法终止。利用高斯概率密度函数来评判待估键盘数据与既定的用户模型的相似程度，来作为模型的评价标准。

模型的评分值为一个分布在区间[0,1]的小数，值越趋近于 1，表示待估键盘数据和用户模型的相似程度越高，待估键盘数据来自合法用户的可能性越大；反之，相似程度越低，非法用户的可能性越大。

5.3.3　用户鼠标滑动行为分析技术

用户行为是用户的生理特征和习惯爱好等长期作用后的综合体现，它具有独一无二性、不易盗用性、不可模仿性等特征。本节提出一种辅助的身份认证方法，在动态软键盘应用时有效地认证用户身份。根据合法用户利用软键盘键入密码信息登录过程中采集到的鼠标行为数据进行数据挖掘，形成用户独特的鼠标行为模式，研究利用鼠标行为模式进行辅助认证方法的可行性，从而用来进行身份合法性认证，进一步保障用户的账号和资金安全。

用户的鼠标行为特征，跟人的操作速度、对计算机设备的熟悉程度、年龄、性别等都有关系。基于鼠标行为进行身份认证的前提是对于每位不同的用户来说，鼠标行为习惯，即鼠标使用模式，都与其他用户有着明显的不同之处，用户独特的鼠标行为模式是难以被别人盗取复制的[26-34]。利用鼠标行为模式进行用户身份识别的最大优势在于不需要额外的硬件辅助设备，用户也不需要对原来的操作习惯作任何改变，在用户利用软键盘登录的过程中采集鼠标数据并进行辅助认证，对用户使用计算机的正常操作没有任何侵入性。

要对用户鼠标行为模式进行构建，首先要选择合适的鼠标行为特征作为构建模型的基础，之后再选择合适的模型构建技术和身份识别方法。用户在操作软键盘时最主要的鼠标动作为点击和移动，由于时间和位移特性可以很好地区分用户间鼠标行为模式的不同，并且时间和位移值有便于提取和处理的优点，鼠标移动行为模式主要采取这两类数据作为特征。鼠标行为认证的具体步骤包括鼠标行为数据获取、特征提取和特征选择、鼠标行为模式的构建和身份认证四个过程。鼠标行为认证采集的数据主要为鼠标动作类型、鼠标坐标值、鼠标动作时间戳等。现有研究中，一般将鼠标行为特征分为交互层特征(亦称作应用层特征)和生理层特征[35]。交互层特征与用户操作的应用环境相关，体现了用户使用偏好和习惯的特征，比如操作频率分布、移动方向频率、操作屏幕频率分布、静止时间占空比等；生理层特征，顾名思义，体现的是用户生理上独有的特征，如鼠标点击时间间隔、平均移动速度、平均加速度、移动速度极值等。在动态软键盘的应用场景下，在计算鼠标行为特征量时多采用生理层的特征。然后，基于增 L 去 R 选择算法构建非固定轨迹下的鼠标行为模式。通过模拟动态软键盘应用场景，捕获相对自由轨迹下的用户鼠标行为，根据行为特点提出新的特征属性值，同时对传统特征值进行分类细化，综合使用累计函数分布和增 L 去 R 选择法得到鼠标行为特征向量，采用支持向量机（support vector machine，SVM）分类器对特征向量作分类处理获得用户鼠标行为模式。采取多数票决法，对用户的身份进行合法性认证。

　　用户鼠标行为认证方法可以细分为以下几个功能模块：用户鼠标数据采集模块、数据预处理模块、特征向量选择模块、行为模式构建模块、行为模式存储模块、用户身份认证模块，如图 5.5 所示。

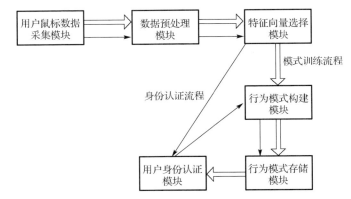

图 5.5　用户鼠标行为认证方法的功能模块

　　用户鼠标数据采集模块的主要功能是利用设计好的随机动态软键盘，模拟用户录入密码的场景，收集和存储用户输密码操作中使用鼠标产生的数据，记录的数据元组具体包括时间戳、x 和 y 坐标轴信息、动作类型等基本数据项。

　　数据预处理模块，要先清洗脏数据，主要包括不符合规则的记录元组，以及数据大小明显异常的记录元组，同时对跨平台数据进行校准处理，尽可能消除平台差异性带来的影响，再通过数学公式处理获得备选的鼠标行为特征属性，用于生成后续建模所需的特征向量。

　　特征向量选择模块，使用特征向量选择算法，评价函数取分类准确度进行比较，最终选出最佳的特征向量用于模式构建。

　　行为模式构建模块和行为模式存储模块，利用支持向量机方法对上述模块得到的鼠标行为特征进行训练。对于每个账号下的鼠标行为数据，模式构建模块利用规定的模式构建方法对处理后的数据进行分析和建模，并将行为模式的相关参数存储在数据库中，便于后续的鼠标行为身份认证操作。

　　用户身份认证模块，主要功能是对于新的待测数据进行特征属性的计算，并利用存储的模式参数，使用支持向量机分类器和多数票决法判别未知用户的身份。对于符合用户鼠标行为模式的数据，允许该用户登录，同时将此合法数据加入到模型库中，不断更新用户的鼠标行为模式。若判断为非法的数据，则阻止用户进行登录。

　　不同平台下，操作环境和设备的不一致性会影响用户鼠标行为认证的准确性。针对显示器分辨率、鼠标指针敏感度等因素影响，提出优先选择不依赖于操作环境的特征量，如时间、角度、比值类的特征量，对于依赖操作环境的特征量，可以使用方差判别法进行校准操作。同时，从用户操作鼠标习惯形成的方面着手，研究用户键入不同长度密码的特征属性变化情况，并通过实验数据分析不同长度密码给认证效果带来的影响。根据用户在键入不同长度密码时的鼠标行为习惯的不同，动态地调整判定属性参数值，消除行为差异对最终认证效果的不良影响，从而提高鼠标行为认证准确性。

5.4　用户行为证书方法

　　数字证书作为网络环境下一种有效的身份认证机制已经被广泛采用，它能够基本解决网络交易的买方和卖方都必须拥有合法的身份且在网上能够有效无误地进行验证的问题。但是，数字证书作为一种静态的认证机制逐步暴露出其缺陷：首先是无法解决"盗用身份"和"利用合法身份做非法事情"等问题，且一旦有该类情况发生一般只能进行事后分析和离线检测。数字证书为网络支付参与方提供了身份识别的保证，但对于参与方的交易行为目前尚无很好的机制进行认证。因此，可以对每个用户的行为生成相应的行为证书，客户端部分的行为认证通过对用户行为的分析来实现对"合法用户的非法行为"进行有效监测。用户行为证书方法主要用来对用户的交易行为进行监控和分析，从而对用户身份进行鉴定，避免出现身份盗用、冒用的情况，预防交易风险的发生。

　　用户行为证书的基本设计框架如图 5.6 所示，图中给出了用行为证书对用户身份认证的整体设计框架。客户端负责用户行为数据的采集与上传。在认证中心，采集的用户行为数据会根据行为数据处理模型产生相应用户的行为证书，若用户的行为证书已存在，则会以增量的方式动态调整用户的行为模型证书，以适应用户行为的动态迁移。当用户行为证书生成或更新后，证书文件会发送到客户端，最终用户身份信息的认证会在客户端完成，认证中心会根据客户端的认证结果采取相应的放行或预警措施[36-40]。

　　用户行为模式的身份认证可通过采集正常用户平时网页浏览记录，从中提取最能够代表该用户的行为信息，构建用户行为证书，从而在原有认证方式的基础上进一步判断用户的网页浏览行为是否与用户行为证书相一致，进而对用户进行双重认证。用户浏览网页过程中每打开一个网页，都会相应产生一条存储网页相关信息的 5 维向量的浏览记录

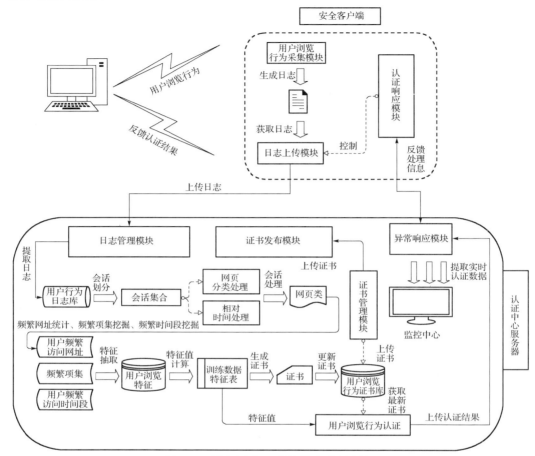

图 5.6　用户行为证书的基本设计框架

$$Rec = (UserID, TimeStamp, LastingSeconds, URL, Reference)$$

其中, UserID 产生本条网页浏览记录的用户身份标识; TimeStamp 和 LastingSeconds 记录此次网页浏览的发生日期及持续时间; URL 和 Reference 记录此次浏览的网页地址及该网页地址的前向链接(若无前向链接则为 Null)。数据采集器收集到用户原始数据记录可如表 5.1 所示。

表 5.1　数据采集器收集到用户原始数据记录

参数	内容
UserID	user1
URL	http://123.duba.net/dbtj
Reference	http://weibo.com/u/1652598533?c=spr_web_sq_kings_weibo_t001
TimeStamp	2013/12/11 21:07:17
LastingSeconds	60

　　用户网络浏览行为认证主要包括离线与在线两个阶段。离线阶段的主要工作是构建用户行为模型，在线阶段主要包括观察序列实施监测以及利用行为证书进行用户行为认证。同时，对用户网页浏览行为的建模及身份认证基于已有的行为稳定性假设，其主要体现在以下两个方面：第一，在短周期内，用户网页浏览偏好不会有太大变动(即网页浏览的种类和上网时间)，且用户在每次网页浏览过程中大部分的网页浏览信息聚集在特定的一部分网页类内；第二，若正常账户被恶意攻击者盗用,攻击者的网页浏览行为与账户拥有者的网页浏览行为相似性较低。该稳定性假设的合理性已在大量的科学研究中得到证明。

　　在采集到用户的行为数据后，构建的用户行为模型可以用马尔可夫模型形式表示。构建过程有以下步骤：步骤一，数据挖掘过程，采集用户至少 30 天的网页浏览记录，从中获取网页链接顺序以及网页浏览的先后顺序；步骤二，信息呈现过程，根据采集到的数据提取网页关键信息，如网页描述的内容以及网页的链入链出信息，以网页内容及时间为特征进行网页聚类，形成网页类结点；步骤三，根据网页类结点间的链接数对图的边加入权值，构成用户行为模式图(见图 5.7)；步骤四，马尔科夫模型的构建，其中包括生成初始化概率向量以及状态转移概率(见图 5.8)。

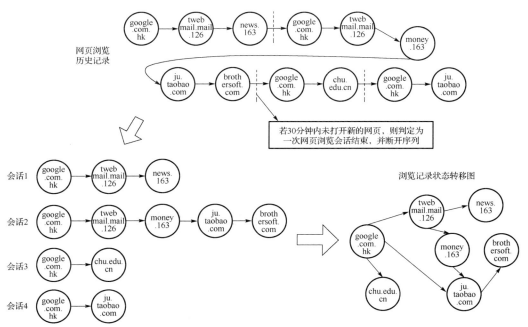

图 5.7　用户浏览行为序列抽取过程

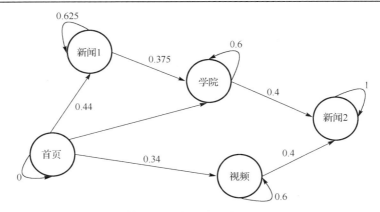

图 5.8　简化的用户浏览马尔可夫链示例

除了马尔可夫模型外，其他数据分析模型如关联规则、频繁树挖掘等都可以用于用户行为分析。此外，除了对用户浏览网址类型序列的挖掘外，可以更深一步研究用户浏览内容的行为特征，进而进行用户身份识别[41-45]。

5.5　复杂事件处理

如果将用户行为看作业务流的一个事件，近些年出现的复杂事件处理（complex event processing，CEP）技术也可用于网络交易系统的风险防控。复杂事件处理基于事件流，可实现实时信息的高速存取，同时提供高级查询功能，是构建和管理由事件驱动的信息系统的一种技术。它将系统数据看作不同类型的事件，通过分析单个或简单事件间的关系，建立不同的事件关系序列库，利用过滤、关联、聚合等技术，发现和整理出有价值和意义的复杂事件，最终由简单事件产生高级事件或商业流程。

复杂事件处理中的事件是指系统中任意一个活动的发生，具有显著性、瞬时性和原子性。数据与事件的发生紧密联系，与事件相关的数据项被称为属性。事件之间通过时间顺序、因果关系、聚合关系相互联系，从而形成事件模式。复杂事件处理采用事件分层结构，定义了一组规则把低层事件逐步聚合成高层事件。通过事件模式匹配，在事件流中识别实时系统中的重要事件模式。区别于传统的数据库查询，复杂事件处理的事件查询是对无限的事件流连续且长期的查询。由于数据连续到达，事件查询需要使用滑动窗口处理无限的数据流。

复杂事件处理技术通过分析系统的实时数据流来捕获事件，按照预先制定的事件处理规则或模式，对所有输入事件进行实时处理，获得其中蕴含的信息，推理出有意义的复杂事件，并作出实时响应。复杂事件处理技术包括事件模式识别、事件的关联和抽象、事件层次、事件间的关系和复杂事件处理等。相对应地，复杂事件处理系统包含一些核心模块，比如 EPL 解析器、规则管理、事件接入、预处理模块、复杂事件处理引擎、数据模型、事件发派以及行动模块等。

其中，EPL 是用来描述复合事件的语言，会被 EPL 解析器处理，成为内部可以使用的规则。这些事件处理规则采用 SQL-like 的事件处理语言来描述，可以方便使用者制定复杂的处理规则，也可以在内存中被运行从而对输入事件进行处理和查询。预处理模块对事件进行加工处理，包括字段过滤、字段填入、事件过滤、事件分流、事件合流等。复杂事件处理引擎是复杂事件处理平台的核心，提供复杂事件处理功能，这是一个实时处理、分析海量事件的平台，接收不同事件源发来的事件，对每一个接收的事件进行处理。事件处理规则描述了如何处理原始输入事件并生成复杂事件[46-50]。复杂事件处理系统基本处理流程如图 5.9 所示。

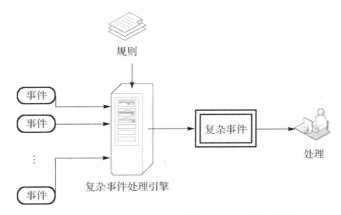

图 5.9　复杂事件处理系统基本处理流程图

如果将复杂事件处理技术用于网络交易系统的风险控制，就要从用户行为的角度来考虑。面对海量的用户交易数据和行为，如何收集信息并判断交易风险是一个不小的挑战。可以将合法用户的交易事件抽象为用户行为，通过对大量简单用户行为的分析和处理，推理出有用的信息(复杂事件或风险行为)，最终发现交易风险，并及时进行处理。其中，复杂事件处理引擎的设计是关键。很多复杂事件处理引擎的底层是数据库，而网络交易风险控制更为关注用户的行为模式，因此，网络交易风险控制的复杂事件处理平台的底层规则库应由状态机或 Petri 网来实现，这样有利于改善系统的效率和误报率。同时，基于状态机或 Petri 网的行为定义方式基于严格的形式化建模和验证基础，可以确保行为模型的正确性和完整性。支付宝的总督系统就是基于复杂事件处理技术和状态机模型开发而成的交易风险控制系统[51]。

如图 5.10 所示，交易风险控制复杂事件处理系统对大量用户的实时交易数据通过窗口机制进行收集和处理，抽象为用户行为，并作为交易风险控制复杂事件处理引擎的输入。复杂事件处理引擎对这些用户行为进行分析，并与状态机或Petri 网模型进行关联和规则匹配。通过层次化的递推，获取更为复杂和有意义的事件，即风险行为。最后交由相关部门或系统进行预警和处理，避免交易风险所带来的巨大损失。这里注意，业务管理者负责对行为模式进行设计和管理。业务管理者可以是领域专家，也可以是模型分析者，通过相关图形化接口来对模型和规则进行设计和管理。

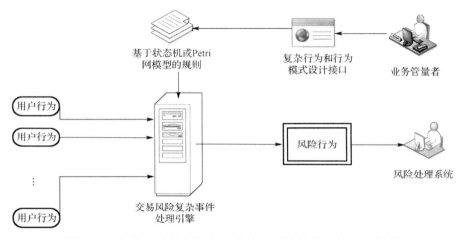

基于状态机或Petri
网模型的规则　　　　复杂行为和行为
　　　　　　　　模式设计接口　　　　业务管量者

用户行为

用户行为

⋮

用户行为

交易风险复杂事件
处理引擎

风险行为

风险处理系统

图 5.10　　交易风险控制复杂事件处理系统的基本处理流程图

5.6　本　章　小　结

随着人们对网络应用安全的重视程度日益提高，单纯从技术角度对网络应用进行攻击的手段，如跨站脚本攻击等已经很难奏效了。但是网络用户对于计算机专业知识普遍缺乏，这使得属于社会工程学范畴的网络诈骗，即通过钓鱼网站骗取网络用户的网银账号密码的手法却能够一次次成功。数字证书，即标志网络用户身份信息的一系列数据，是目前网络交易普遍使用的用户认证手段。这种机制最大的弊端就是口令等信息容易泄露，存在着严重的安全隐患。当口令比较简单时，通过基于字典的暴力破解就能够破获，与用户熟悉的人甚至能够猜测出密码。同时由于网络钓鱼和正规网站的信息泄露，黑客可以获取用户的数字证书，进而假冒用户身份进行非法活动，因此采用包含用户信息和加密密钥等信息的数字证书方式并不能完美地解决用户身份可信的问题。如何有效地识别一个人的真正身份和行为，是当前面临的一个重要挑战。由于每个人的行为模式肯定各有不同，也很难被别人盗用，因此对于用户真实身份的识别率将大大提高。所以通过采集用户平时的上网习惯，收集其浏览日志，并从中挖掘出每个用户特有的行为模式，可以达到更有效识别用户真实身份的目的，减少网络诈骗成功的可能性，降低交易风险的出现概率。

参 考 文 献

[1] Wang R, Chen S, Wang X F, et al. How to shop for free online: security analysis of cashier-as-a-service based Web stores// Proceedings of the 32th IEEE Symposium on Security and Privacy, Oakland, USA, 2011, 42(12): 465-480

[2] Peng A, Han L, Yu Y, et al. Algebra-based behavior identification of Trojan horse// Proceedings of the 5th International Symposium on Cyberspace Safety and Security, China, 2013: 323-337

[3] Chen E Y, Chen S, Qadeer S, et al. Securing multiparty online services via certification of symbolic transactions// Proceedings of the 36th IEEE Symposium on Security and Privacy, San Jose, USA, 2015: 833-849

[4] Sun F Q, Xu L, Su Z D. Detecting logic vulnerabilities in e-commerce applications// Proceedings of the 21st Network and Distributed System Security Symposium, San Diego, USA, 2014: 1-16

[5] Jain A, Ross A, Prabhakar S. An introduction to biometric recognition. IEEE ransactions on Circuits and Systems for Video Technology, 2004, 14: 4-20

[6] Abaza A, Ross A, Hebert C, et al. A Survey on ear biometrics. ACM Computing Surveys, 2013, 45(2): 1-35

[7] Sharif M, Bhagavatula S, Bauer L, et al. Accessorize to a crime: real and stealthy attacks on state-of-the-art face recognition// Proceedings of the ACM SIGSAC Conference on Computer and Communications Security. ACM, 2016: 1528-1540

[8] Song C, Qu Z, Blumm N, et al. Limits of predictability in human mobility. Science, 2010, 327: 1018-1021

[9] de Montjoye Y A, Radaelli L, Singh V K, et al. Unique in the shopping mall: on the reidentifiability of credit card metadata. Science, 2015, 347: 536-539

[10] Iglesias J, Angelov P, Ledezma A, et al. Creating evolving user behavior profiles automatically. IEEE Transactions on Knowledge and Data Engineering, 2012, 24: 854-867

[11] Antwarg L, Rokach L, Shapira B. Attribute-driven hidden Markov model trees for intention

prediction. IEEE Transactions on Systems, Man, and Cybernetics, Part C: Applications and Reviews, 2012, 42: 1103-1119

[12] Neverova N, Wolf C, Lacey G, et al. Learning human identity from motion patterns. IEEE Access, 2015, 4: 1810-1820

[13] Leiva L A, Vivo R. Web browsing behavior analysis and interactive hypervideo. ACM Transactions on Web, 2013, 7(4): 1-28

[14] Canali D, Bilge L, Balzarotti D. On the effectiveness of risk prediction based on users browsing behavior// Proceedings of the 9th ACM Symposium on Information, Computer and Communications Security. ACM, 2014: 171-182

[15] Ceccarelli A, Montecchi L, Brancati F, et al. Continuous and transparent user identity verification for secure internet services. IEEE Transactions on Dependable and Secure Computing, 2015, 12: 270-283

[16] Mondal S, Bours P. Continuous authentication in a real world settings// Proceedings of the 8th International Conference on Advances in Pattern Recognition. IEEE, 2015: 1-6

[17] Xing Z Z, Pei J, Keogh E. A brief survey on sequence classification. ACM SIGKDD Explorations Newsletter, 2010, 12(1): 40-48

[18] Radinsky K, Svore K M, Dumais S T, et al. Behavioral dynamics on the Web: learning, modeling, and prediction. ACM Transactions on Information Systems, 2013, 31(3): 1-37

[19] Manjusha R, Ramachandran R. Web mining framework for security in e-commerce// Proceedings of the International Conference on Recent Trends in Information Technology. IEEE, 2011: 1043-1048

[20] Srivastava A, Kundu A, Sural S, et al. Credit card fraud detection using hidden Markov model. IEEE Transactions on Dependable and Secure Computing, 2008, 5: 37-48

[21] 张鸿博. 基于移动端用户键盘行为的身份认证方法研究. 同济大学硕士学位论文, 2016

[22] 张晓萌. 用户键盘行为模式的构建方法研究. 同济大学硕士学位论文, 2015

[23] Zhang X M, Zhao P H, Wang M M. Keystroke dynamics in password authentication for multi-user account. Journal of Computational Information Systems, 2015, 11(1): 321-331

[24] Gamboa H, Fred A. A behavioral biometric system based on human-computer interaction// Proceedings of the SPIE's Defense and Security Symposium, International Society for Optics and Photonics, 2004: 381-392

[25] Gamboa H, Fred A L N. An identity authentication system based on human computer interaction behaviour. Pattern Recognition in Information Systems, 2003: 46-55

[26] Hamdy O, Traore I. Homogeneous physio-behavioral visual and mouse-based biometric. ACM Transactions on Computer-Human Interaction, 2011, 18(3): 1-30

[27] Pao H K, Fadlil J, Lin H Y, et al. Trajectory analysis for user verification and recognition. Knowledge-Based Systems, 2012, 34: 81-90

[28] Shen C, Cai Z, Guan X, et al. User authentication through mouse dynamics. IEEE Transactions on Information Forensics and Security, 2013, 8: 16-30

[29] 沈超, 蔡忠闽, 管晓宏, 等. 基于鼠标行为特征的用户身份认证与监控. 通信学报, 2010, (7): 68-75

[30] 石跃祥. 模拟动态数字输入的识别之轨迹数据采集. 湘潭大学自然科学学报, 2001, (4): 23-27

[31] Cai Z, Shen C, Guan X. Mitigating behavioral variability for mouse dynamics: a dimensionality-reduction-based approach. IEEE Transactions on Human-Machine Systems, 2014, 44(2): 244-255

[32] Zheng N, Paloski A, Wang H. An efficient user verification system via mouse movements// Proceedings of the 18th ACM Conference on Computer and Communications Security. ACM, 2011: 139-150

[33] Ahmed A A E, Traore I. A new biometric technology based on mouse dynamics. IEEE Transactions on Dependable and Secure Computing, 2007, 4(3): 165-179

[34] Nakkabi Y, Traoré I, Ahmed A A E. Improving mouse dynamics biometric performance using variance reduction via extractors with separate features. IEEE Transactions on Systems, Man and Cybernetics, Part A: Systems and Humans, 2010, 40(6): 1345-1353

[35] Chandola V, Banerjee A, Kumar V. Anomaly detection for discrete sequences: a survey. IEEE Transactions on Knowledge and Data Engineering, 2012, 24: 823-839

[36] 蒋昌俊, 陈闳中, 闫春钢, 等. 基于 Web 用户时间属性的序列模式挖掘方法: 201410004623.6. 2014-04-23

[37] 蒋昌俊, 陈闳中, 闫春钢, 等. 基于 Web 用户行为模式的身份认证方法: 201210445681.3. 2015-11-04

[38] 蒋昌俊, 陈闳中, 闫春钢, 等. 用户行为模式挖掘系统及其方法: 201210448617.0. 2015-11-04

[39] Zhao P H, Yan C G, Jiang C J. Authenticating Web user's identity through browsing sequences modeling// Proceedings of the International Conference on Data Mining Workshops. IEEE, 2016: 335-342

[40] 赵培海. 网络用户行为可信认证构建方法研究. 同济大学博士学位论文, 2017

[41] Mayil V. Web navigation path pattern prediction using first order Markov model and depth first evaluation. International Journal of Computer Applications, 2012, 45: 26-31

[42] Yang Y C, Padmanabhan B. Toward user patterns for online security: observation time and online user identification. Decision Support Systems, 2010, 48: 548-558

[43] Abramson M, Aha D W. User authentication from Web browsing behavior// Proceedings of the FLAIRS, USA, 2013: 268-273

[44] Awad M, Khalil I. Prediction of user's Web-browsing behavior: application of Markov model. IEEE Transactions on Systems, Man and Cybernetics, Part B: Cybernetics, 2012, 42: 1131-1142

[45] Ahmed A A E, Traore I. Detecting computer intrusions using behavioral biometrics// Proceedings of the 3rd Annual Conference on Privacy, Security and Trust, 2005: 91-98

[46] 矫彦. 金融行业中复杂事件处理的应用研究. 上海交通大学, 2012

[47] 江连峰, 赵佳宝. 复杂事件处理技术及其应用综述. 软件, 2014, 35(2): 188-192

[48] Luckham D. The Power of Events: An Introduction to Complex Event Processing in Distributed Enterprise Systems. Reading: Addison-Wesley, 2002

[49] Luckham D. Event Processing for Business: Organizing the Real-Time Enterprise. Hoboken: Wiley, 2012

[50] EsperTech. Complex event processing. http://www.espertech.com/esper/

[51] 蔡学镛. 轻松理解复合事件处理. 程序员, 2010, (6): 112-113

第六章 交易系统的在线监控

6.1 引 言

前面几章主要介绍了网络交易系统风险防控的主要理论、方法和技术，基于上述内容，研究和开发网络交易系统的在线监控平台，可以实现对网络交易系统及风险防控的需求分析、构造、验证、监控与评测等理论和技术的有效集成。通过分析现有网络交易系统中业务流程、支付工具、信用体系中存在的问题，构建可信的网络交易环境，对网络交易各参与主体的行为进行约束和规范。网络交易在线监控平台基于行为证书对主要交易主体(买方、卖方、第三方支付平台等)以及整个交易流程进行监控并记录,对来自网络交易监控中心的监控记录进行分析处理,进而挖掘相应用户的用户行为；将监控记录按照时间段分类,进而挖掘在某次交易时交易各主体的交易过程并进行相应的分析。第四方认证中心将作为网络交易中可信、独立的一方，负责对网络交易主体的行为证书进行构建、更新和发放，并通过交易主体的网上交易行为对其进行认证，如果发现异常，会向相应的交易主体发出警报。

6.2 监控系统的组成架构

监控中心用于监控用户、商家和第三方支付平台在进行交易时产生的行为数据，并采用表格与图表的方式展现交易过程中的数据和状态。监控中心基于第四方认证中心，通过软件行为与用户行为认证技术对三方交易主体进行监控和认证，能够发现交易过程中的异常行为。监控中心前期工作包含了安全客户端(其采集了系统和用户的网络交易行为数据,并用于挖掘行为证书)以及行为认证机制。监控中心主要包含了四个部分：客户端用户行为交互信息显示、客户端软件行为验证流程信息显示、电商平台验证信息显示和第三方支付平台验证信息显示。客户端用户行为交互信息显示用于呈现用户登录第四方认证中心、下载用户行为证书、日志上传、退出等用户与第四方认证中心交互的信息。其他三个部分用于显示用户、电商和第三方支付平台各自的软件行为，三方交互中的软件行为，以及软件行为证书验证的结果[1]。

通过在用户安全客户端以及在电商网站和支付平台部署行为监控器，形成网络交易可信认证系统平台，并制定网络交易可信认证的协议。在网络交易可信认证系统中，认证中心主要负责管理用户行为和软件行为证书，同时能够实时认证软件及用户行为的可信性。网络交易可信认证中心架构图如图 6.1 所示。

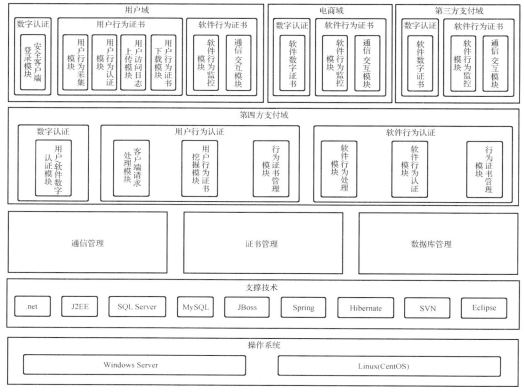

图 6.1　网络交易可信认证中心架构图[1]

网络交易可信认证中心底层支持多种操作系统，具有良好的跨平台能力，系统之上的支撑技术为上层的应用开发提供了良好的支持。在支撑技术之上设计通信管理模块、证书管理模块和数据库管理模块。通信管理模块能够针对本系统特定需求对网络通信功能进行封装，为上层提供数据交换等通信服务；证书管理模块对软件行为证书、用户行为证书及数字证书进行统一的管理，包括证书的搜索、更新、发布等操作；数据库管理模块负责更新和维护数据库，提高数据访问效率。在基础管理模块之上就是第四方认证域，其主要功能是监控和认证网络交易过程，对交易三方进行数字认证，通过用户行为证书验证用户身份的可信性，通过软件行为证书验证交易三方的网络交易行为的可信性。

网络交易可信认证中心的认证协议流程如下：当网络交易发生时，用户通过登录安全客户端，上传数字证书进行数字认证，电商和第三方支付平台也同时上传其数字证书进行相应的数字认证。当数字认证通过后，用户通过用户行为证书下载模块下载行为证书，三方正式进入交易流程。在交易过程中，安全客户端通过用户行为采集模块实时采集用户行为，并交给用户行为认证模块，根据从第四方认证中心下载的该用户行为证书认证用户当前访问行为的可信性。如果认证通过，那么继续采集用户的访问行为进行认证；若认证不通过，则将详细认证结果上传至认证中心，由认证中心进行审查、判定。同时，通过软件行为采集模块实时采集客户端软件行为，并由通信交互模块上传至认证中心。而电商和第三方支付平台也同样通过软件行为监控模块实时采集其软件行为，并由通信交互模块上传至认证中心。如果软件行为认证通过，则认证中心发回反馈信息，继续进行交易流程，同时三方软件行为监控继续进行实时采集；若认证不通过，则由认证中心广播通知交易三方交易流程出现异常，并终止交易。当交易完成后，安全客户端由用户访问日志上传新的访问日志至认证中心，当认证中心收到新的访问日志后，发回反馈信息，用户退出安全客户端。之后，认证中心通过行为证书管理模块调用用户行为证书挖掘模块对新的用户访问日志进行挖掘，更新该用户的行为证书。当一个新的电商或第三方支付平台加入，则首先对其进行审核，通过后颁发数字证书；接着通过分析其网站源码，挖掘出其相应的软件行为证书，上传至认证中心，由行为证书管理模块统一进行管理[2-6]。

6.3　系统优化管理

目前网络交易较为严格的风控验证方式容易造成较高的误报率以及较低的用户体验。由于实际发生的交易数量基数巨大，也直接导致了较高的误报数量。将正常交易误识别为欺诈交易会给公司运营者带来较大的成本。当模型识别到具有欺诈风险的交易，会通过系统发确认短信、邮件甚至人工电话等方式进行交易的二次确认，这需要企业额外付出大量资金和人力成本。此外，对用户的短信确认、人工确认，会让用户感到迷惑，增加了用户使用电子支付的安全担忧，干扰了用户的正常支付业务流程，容易导致用户的操作失败，甚至导致了用户的流失，造成额外成本。因此对于网络交易系统来说，对已有的风险体系进行优化，降低对交易平台的正常用户的干扰，是亟待解决的问题。本节介绍一种风险控制优化方案，使电子交易首先通过一个简单模型进行初步验证，如果验证通过则认为其是正常交易，否则进行后续的严格模型验证。以此来减少单独使用分类模型导致的误报率高的问题，同时也能通过放行大量的正常交易，提高分类阶段中异常交易样本的占比，改善使用分类模型中的不平衡样本问题[7]。

两层风险控制方法由风险交易过滤方法与风险识别模型方法两部分组成。风险交易过滤方法根据交易可信模型在严格模型验证之前对正常交易进行快速放行，从而提高正常交易的响应速度，减少交易的误报率。经过风险过滤模型后的交易仍包含异常交易，因而需要利用风险识别模型方法对剩余交易样本进一步分类，识别出异常交易。区别于一味地寻找更有效的模型分类方法和更有区分度的特征，两层风险控制方法提出了两个层次的风险控制方法。该方法分别从两个角度解决和改善电子交易中的风险问题。第一层聚焦正常交易，通过对明显正常的交易进行放行，减少后续严格模型误报了正常交易，以及多余的电脑性能损耗。第二层聚焦异常交易，通过有效的数据特征的选择以及分类模型的选择，对异常的交易进行分类识别。交易在两层风险过滤系统的交易数据流图如图 6.2 所示。

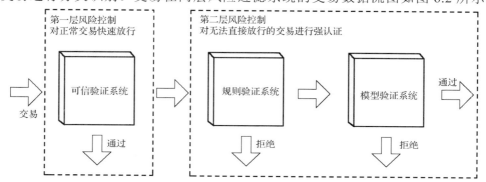

图 6.2　两层风险过滤系统的交易数据流图

6.4　系统在线监控

网络交易中用户与软件行为监控数据可视化系统是由数据获取与处理以及数据展现系统几部分组成。数据获取与处理主要负责获得三方交易环节中关键的软件行为信息、平台交易数据以及终端用户的行为习惯数据，并对这些数据进行预处理，根据展现的需求对数据进行加工。数据展现部分以多方位多维度的方式展现数据采集系统与认证系统的数据，包含了四方平台软件行为监控数据可视化、平台交易数据监控可视化、平台用户行为监控数据可视化三个子模块，立体化地刻画了网络交易中用户与软件行为的监控数据。网络交易中用户与软件行为监控数据可视化系统架构图如图 6.3 所示[1]。

行为监控数据可视化系统部署的目标环境没有限制，可以部署在 Windows 平台的服务器系统上，也可以部署在 Linux 平台的服务器系统上。上层的支撑技术采用了业界成熟的一些技术框架，比如 MVC 软件开发模式，以 Web Sevice 的方式向外提供服务，从而支持多终端访问监控界面。系统总体是基于跨平台的 Java 实现的，其中的 MVC 框架采用了对 Restful 良好支持的 SpringMVC，数据持久层采用了 iBatis，视图层采用 Velocity；可视化采用了基于 Javascript 的图表展现工具 HighCharts，所以具备互联网接入功能、浏览器支持 Javascript 的终端设备都可以访问此监控可视化系统。整个系统部署到 Apache 服务器上运行，此服务器软件每个操作系统上都提供。在支撑技术之上是四个比较底层的中间件模块，分别是实时数据调用服务、数据清洗模块、数据处理模块、数据权限模块。监控系统强调数据的实时性，由底层向上提供实时数据调用服务的目的就在于由中间层向上层实时的提供数据。由于数据的来源不一定是本地数据库，也可能来自于第三方系统，因此这部分服务将会同时具有访问外部数据源和内部数据源的能力。数据清洗模块是针对不规则的来源数据，如部分字段为空、离散数据与连续数据转换等，进行必要的预处理。数据处理模块的主要功能是对数据进行进一步的加工，用以在上层作呈现，比如数据的分类汇总、数据格式的填充。数据权限模块的主要功能是对监控平台的数据进行保护，通过控制数据粒度权限，保证交易数据监控呈现的安全性。

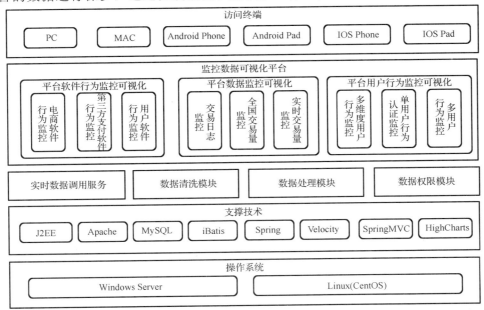

图 6.3　网络交易中用户与软件行为监控数据可视化系统架构图

中间件模块之上是监控数据可视化平台，这部分由三大部分组成，每个部分由三个子部分组成。第一大部分为平台软件行为监控可视化，其主要包含了电商、第三方支付以及用户的软件行为监控，也分别以三个子部分呈现。呈现的方式是通过滚动列表的方式，展示软件行为的日志，并且可以多平台角度高亮显示同一个异常交易，以此帮助业务人员分析异常交易。第二大部分为平台数据监控可视化，这部分用于展示经过平台的交易数据，其数据是通过实时数据服务向受监控的外部电商平台获取的,其子部分分别为交易日志监控(以滚动的方式展示各个关键业务过程的交易日志,与软件行为日志挂钩)、全国交易量监控(以基于全国地图的热度图以及按省份分布的柱状图来展示全国交易量情况)、实时交易量监控(外部服务调用的实时交易数据,包含实时交易笔数以及实时成交额,通过折线图展示,在折线图中也可以同时选择呈现两小时、前一天等同期的交易数据)。最后一部分是平台用户行为监控可视化,这部分是对平台用户行为习惯监控数据的可视化,其子部分包含了多维度用户行为监控(以用户的上网时间段的分布,以及用户访问的网站类的成分,构成多维度的单用户行为习惯,其中上网时间段分布采用的是面积图,用户访问的网站类采用了柱状图和饼状图同时展现)、单用户行为认证监控(以滚屏的方式展现用户浏览网页的访问日志,并同时展现基于用户行为认证技术得到的用户身份鉴别实时分值,以折线图展示)、多用户行为监控(以滚屏的方式展现多用户浏览网页的访问日志,并同时展现多用户访问网站时基于用户行为认证技术得到的用户身份鉴别实时分值,以柱状图实时更新展现)。

图 6.4 是行为监控数据可视化系统的部署图,面向用户的监控可视化分为室内监控和室外监控两部分。室内监控由九块屏幕将上述的三大部分内容展示出来。总控机可以针对屏幕中的报警数据等内容做数据聚焦等操作,以此更好地帮助业务人员分析报警的原因。室外监控由服务器向外提供服务,可直接通过手持设备等实时查看监控信息。所有监控可视化的内容是由部署在服务器上的可视化系统软件提供的。作为后台服务器的曙光云平台和监控界面分别如图 6.5 和 6.6 所示。

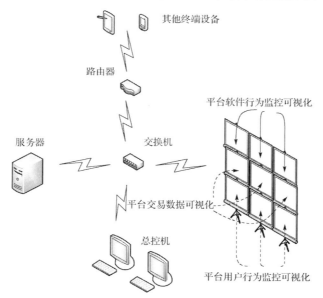

图 6.4　网络交易中用户与软件行为监控数据可视化系统部署图

图 6.5 作为后台服务器的曙光云平台

图 6.6 监控界面

6.4.1 实时交易量监控

图 6.7 是经过风险控制平台保护的实时交易成交额与成交笔数的信息。该屏的图表是基于 HighChart 的组合图表功能绘制而成，组合了折线图与柱状图，其中折线图展示的是前一小时的同比成交信息。该屏以五秒为间隔进行刷新，通过JS 的 setInterval 方法定时发起 AJAX 请求给服务器，获取服务器中清洗的数据信息并予以展示，展示的方式通过在最后一列进行滚动追加。

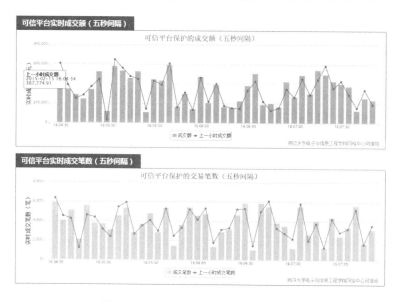

图 6.7　实时交易量监控界面展示图

6.4.2　全国交易量监控

图 6.8 是经过风险控制平台保护的实时全国交易量分布信息图，呈现了前 12 大交易量的省份的成交额柱状图以及各自占整体交易量的占比饼状图。

图 6.8　实时全国交易量分布信息

6.4.3　交易日志监控

图 6.9 是经过风险控制平台保护的交易日志信息界面。该界面由三个部分分别展示电子交易中的交易详情、用户行为信息、软件行为信息。该界面也定时五秒进行刷新，刷新的方式为从表格的底部追加数据。

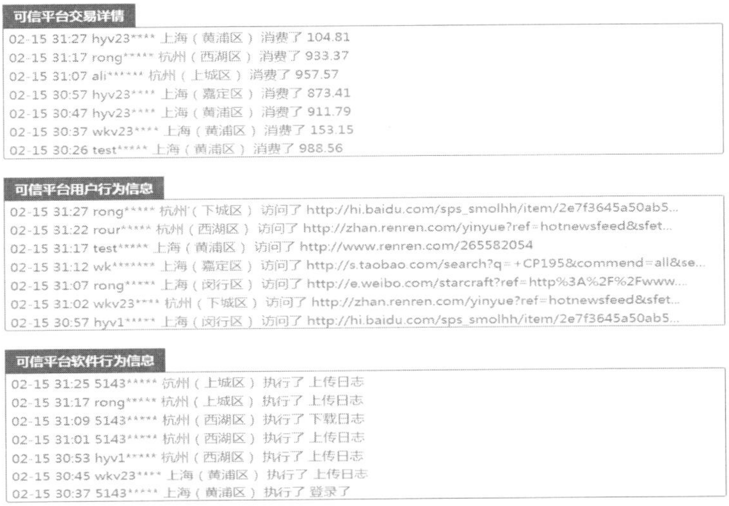

可信平台交易详情
02-15 31:27 hyv23**** 上海（黄浦区）消费了 104.81
02-15 31:17 rong***** 杭州（西湖区）消费了 933.37
02-15 31:07 ali***** 杭州（上城区）消费了 957.57
02-15 30:57 hyv23**** 上海（嘉定区）消费了 873.41
02-15 30:47 hyv23**** 上海（黄浦区）消费了 911.79
02-15 30:37 wkv23**** 上海（黄浦区）消费了 153.15
02-15 30:26 test**** 上海（黄浦区）消费了 988.56

可信平台用户行为信息
02-15 31:27 rong***** 杭州（下城区）访问了 http://hi.baidu.com/sps_smolhh/item/2e7f3645a50ab5...
02-15 31:22 rour***** 杭州（西湖区）访问了 http://zhan.renren.com/yinyue?ref=hotnewsfeed&sfet...
02-15 31:17 test***** 上海（黄浦区）访问了 http://www.renren.com/265582054
02-15 31:12 wk******* 上海（嘉定区）访问了 http://s.taobao.com/search?q=+CP195&commend=all&se...
02-15 31:07 hwy***** 上海（闵行区）访问了 http://e.weibo.com/starcraft?ref=http%3A%2F%2Fwww...
02-15 31:02 wkv23**** 杭州（下城区）访问了 http://zhan.renren.com/yinyue?ref=hotnewsfeed&sfet...
02-15 30:57 hyv1***** 上海（闵行区）访问了 http://hi.baidu.com/sps_smolhh/item/2e7f3645a50ab5...

可信平台软件行为信息
02-15 31:25 5143***** 杭州（上城区）执行了 上传日志
02-15 31:17 rong***** 杭州（上城区）执行了 上传日志
02-15 31:09 5143***** 杭州（西湖区）执行了 下载日志
02-15 31:01 5143***** 杭州（西湖区）执行了 上传日志
02-15 30:53 hyv1***** 杭州（西湖区）执行了 上传日志
02-15 30:45 wkv23**** 上海（黄浦区）执行了 上传日志
02-15 30:37 5143***** 上海（黄浦区）执行了 登录了

图 6.9 经过风险控制平台保护的交易日志信息界面

6.4.4 风险过滤交易可信验证显示屏

图 6.10 是风险过滤交易可信验证展示图，由两列按时间展示。该界面每隔一定时间进行滚动刷新，滚动以及列目的动画基于 Jquery 进行实现。其中对于需要进一步风险识别的交易进行标红。通过点击用户名可以进一步对该用户所有进行的交易进行监控。

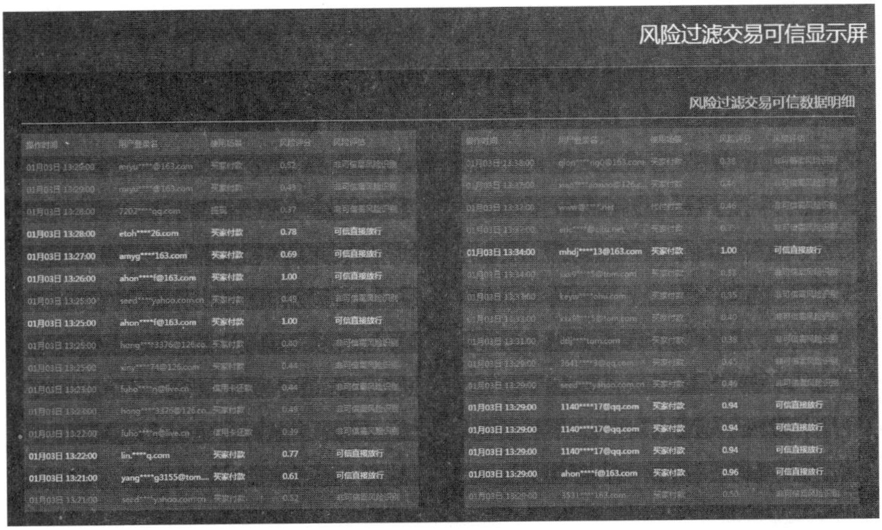

图 6.10 风险过滤交易可信验证展示图

6.4.5　交易风险识别模型验证监控

　　图 6.11 是交易风险识别模型验证监控示意图，展示部分的机制与可信验证屏一致，其中标红的为最终识别为具有风险的交易，未标红的则是可以通过风险控制的正常交易。同样，点击用户名可以查看该用户的历史交易日志及其风险详情。

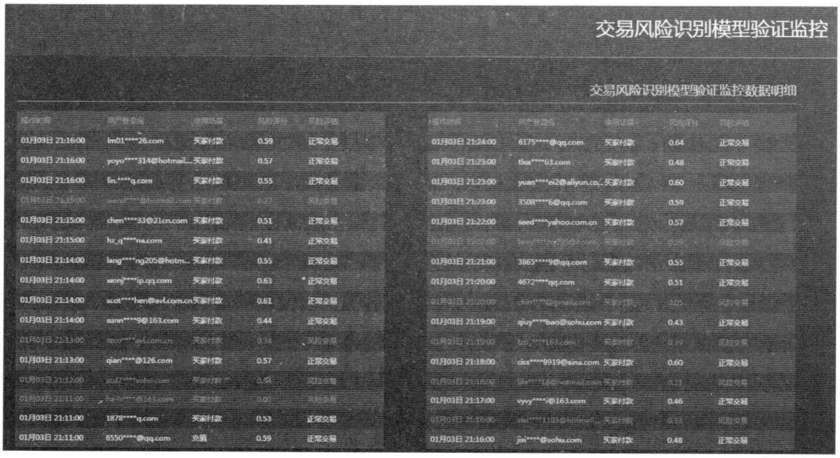

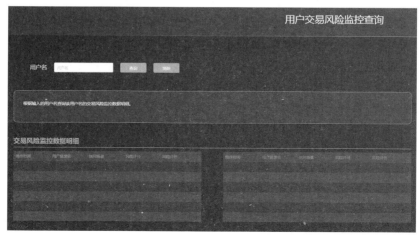

图 6.11　交易风险识别模型验证监控示意图

6.4.6　用户交易风险监控查询

　　本部分可以由操作人员通过输入具体的用户名查询该用户的历史交易的风险情况。数据明细部分与前两个屏幕一致，会实时抓取该用户最新的交易情况用于分析与展示，如图 6.12 所示。

图 6.12　用户交易风险监控查询示意图

6.5 网络交易过程异常处理

网络交易异常检测技术是伴随着网上购物、电子转账等电子交易形式的广泛应用而迅速发展起来的，是为保证网络交易中用户行为可信而产生的一个新的研究方向[8,9]。传统的异常检测技术通常通过提取和保存正常的习惯行为特征，然后将当前的行为特征与保存的正常特征进行比较，依据两者的差异程度，进而达到异常检测的目的[10-15]。本节在传统的异常检测技术基础上，结合网络交易过程的实际情况，基于生物免疫系统的免疫自稳、免疫监视和免疫更新三大机制的启示[16-26]，综合考虑了网络交易过程中的异常情况和正常情况，提出了一种网络交易过程中异常检测的免疫方法。该方法把能反映用户网络交易过程中行为习惯的日志表示为抗体，根据生物免疫自稳机理，通过清理其中"衰老"日志来实现抗体更新，从而保证处理过的日志可以反映用户最近的行为习惯，并根据免疫监视机制来检测新产生的交易日志序列是否发生异常，达到检测用户网络交易过程行为模式是否正常的目的。

网络交易过程异常检测的免疫方法是根据用户历史交易操作序列，根据年龄演变过程，提取出了最能反映用户近期行为习惯的正常序列库。当新的交易序列产生时，根据异常序列库和正常序列库来检测新产生序列是否发生"突变"。当检测结果为正常序列，需要及时更新正常序列库。其架构主要由数据预处理模块、训练模块、检测模块和更新模块组成。数据预处理模块主要将用户操作过程处理成序列格式，清洗相关重复数据；训练模块主要是按照时间顺利，按照年龄演变过程，计算出各条序列的年龄值，根据年龄值提取出正常序列库，反向选择生成异常序列库；检测模块主要是检测新产生的交易序列是否发生突变；更新模块是及时更新正常序列库和异常序列库。

该检测方法以用户正常历史交易记录为起点，处理出能反映用户近期行为习惯的正常交易序列库，以及通过免疫反向选择算法生成异常交易序列库。当新的交易序列产生后，需要两步检测，先与异常序列库比较，确定是异常则报警并进一步检测；反之，与正常序列库比较，确定是正常则进行更新操作，否则报警进一步检测。网络交易过程行为模式异常免疫检测方法的整体架构如图 6.13 所示。

异常交易序列库的生成过程如图 6.14 所示，异体交易序列库的来源主要包括两个方面，一方面是已知非法交易序列，另一方面通过反向选择算法，选出与正常交易库差异很大的序列。

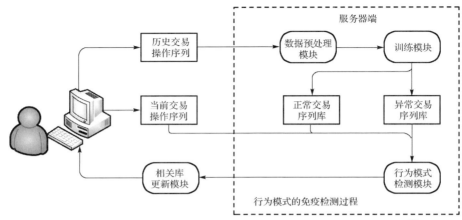

图 6.13　网络交易过程行为模式异常免疫检测方法的整体架构图[9]

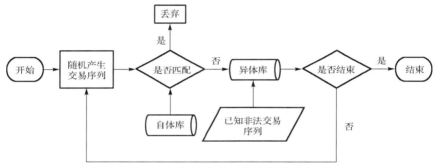

图 6.14　异常交易序列库的生成过程[9]

　　其中，反向选择算法也称阴性选择算法，是从正常模式库出发，随机生成模式与正常模式库进行比较，如果和正常模式相似则丢弃，反之如果和正常模式库中的所有模式都差异很大，那么这个模式就添加到异常模式库中。行为模式检测模块主要针对新产生的交易序列 Ag 进行的突变检测，分两步检测，图 6.15 显示了该模块的主要功能。

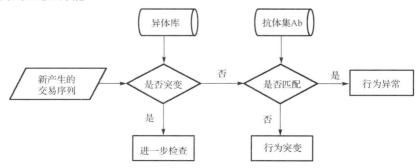

图 6.15　电子交易过程用户行为模式检测过程[9]

第一步，与异体库进行比较，如果符合突变日志条件，则报警进行进一步认证检查，否则进入第二步。

第二步，将新产生的交易序列 Ag 与正常交易序列(即抗体集 Ab)进行比较，如果与所有抗体亲和度都很低，则说明该序列有突变的可能，需要进行进一步检查，反之检测为正常行为模式。

两步检测在提高检测准确率的基础上，同时也提高了检测的效率，是因为第一步基于异常模式库，所以大多数异常情况可以及时发现，只有少数异常情况需要与正常模式库进行比较才能进一步确定。

更新模块使该方法在能够免疫检测的基础上，同时拥有了对下次类似异常情况的免疫功能。其功能主要是更新正常模式库和异常模式库，图 6.16 是系统总体的流程图，可见两个模式库在检测过程中发挥了巨大作用，及时更新尤为重要。

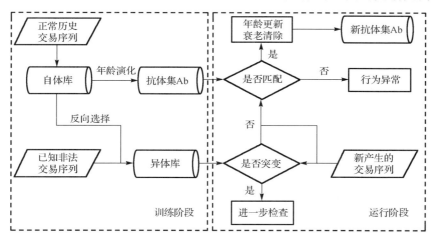

图 6.16 免疫方法的总体流程图[9]

根据检测的结果，如果结果为正常行为模式，那么就对正常模式库(即抗体集 Ab)进行年龄更新，删除其中的"衰老"日志，保证抗体集 Ab 能反映用户近期行为习惯；如果结果为异常行为模式，和异常库中模式进行比较，如果是新模式，则添加到异常模式库中。

6.6 本 章 小 结

网络交易软件系统是一类典型的人机交互系统，这类系统的软件行为和用户行为是相互交错、互为作用的。因此必须综合、集成软件行为和用户行为形成整体的系统行为模式，才有可能完整、准确地刻画网络交易软件系统的在线行为。

对用户行为进行采集，并通过数据挖掘方法挖掘出用户正常行为模式，实现对用户行为在线认证，可以有效监测"合法用户的非法行为"，用于防止信息泄露导致的欺诈行为。本章主要介绍了网络交易监控平台的相关技术和架构，监控中心用于监控用户、商家和第三方支付平台进行在线交易时所产生的用户行为数据与软件行为数据，并采用多形式多种类多维度的表格与图形化的方式直观动态地展现数据。监控中心的目的是在原有的三方交易流程中加入第四方认证机制，基于软件行为认证与用户行为认证技术，对商家和第三方支付平台的系统软件行为以及用户身份提供认证。

参 考 文 献

[1] 蒋昌俊, 陈闳中, 闫春钢, 等. 网络交易中用户与软件行为监控数据可视化系统: 201410513131.X. 2017-08-25

[2] 蒋昌俊, 陈闳中, 闫春钢, 等. 软件行为监控验证系统: 201410014450.6. 2015-08-19

[3] 蒋昌俊, 陈闳中, 闫春钢, 等. 网络交易的可信认证系统与方法: 201410499859.1. 2015-01-07

[4] 蒋昌俊, 陈闳中, 闫春钢, 等. 基于 Web 用户时间属性的序列模式挖掘方法: 201410004623.6. 2014-04-23

[5] 蒋昌俊, 陈闳中, 闫春钢, 等. 基于 Web 用户行为模式的身份认证方法: 201210445681.3. 2015-11-04

[6] 蒋昌俊, 陈闳中, 闫春钢, 等. 用户行为模式挖掘系统及其方法: 201210448617.0. 2015-11-04

[7] 郑宇卫. 电子交易的两层风险控制模型及其方法研究. 同济大学硕士学位论文, 2015

[8] Jiang S P, Yan C G, Zhao P H, et al. An immune approach for detecting the user's behavior of electronic transaction process. Journal of Computational Information Systems, 2015, 11(2): 683-692

[9] 蒋少平. 电子交易过程中异常检测的免疫方法研究. 同济大学硕士学位论文, 2015

[10] Modi C, Patel D, Borisaniya B, et al. A survey of intrusion detection techniques in cloud. Journal of Network and Computer Applications, 2013, 36(1): 42-57

[11] Chandola V, Banerjee A, Kumar V. Anomaly detection: a survey. ACM Computing Surveys, 2009, 41(3): 15

[12] Chandola V, Banerjee A, Kumar V. Anomaly detection for discrete sequences: a survey. IEEE Transactions on Knowledge and Data Engineering, 2012, 24(5): 823-839

[13] 陈斌, 陈松灿, 潘志松, 等. 异常检测综述. 山东大学学报: 工学版, 2009, (6)

[14] 谢逸, 余顺争. 基于 Web 用户浏览行为的统计异常检测. 软件学报, 2007, (4): 967-977

[15] 陆悠, 李伟, 罗军舟, 等. 一种基于选择性协同学习的网络用户异常行为检测方法. 计算机学报, 2014, 37 (1): 28-40

[16] 莫宏伟, 左兴权. 人工免疫系统. 北京: 科学出版社, 2009

[17] 脱建勇, 李秀, 任守榘, 等. 基于人工免疫聚类的欺诈客户分析. 清华大学学报: 自然科学版, 2011, 51(7): 893-897

[18] Ivanov I I, Littman D R. Modulation of immune homeostasis by commensal bacteria. Current Opinion in Microbiology, 2011, 14(1): 106-114

[19] Ransohoff R M, Engelhardt B. The anatomical and cellular basis of immune surveillance in the central nervous system. Nature Reviews Immunology, 2012, 12(9): 623-635

[20] Aickelin U, Dasgupta D, Gu F. Artificial Immune Systems, in Search Methodologies. New York: Springer, 2014: 187-211

[21] 陈岳兵, 冯超, 张权, 等. 面向入侵检测的集成人工免疫系统. 通信学报, 2012, 33(2): 125-131

[22] Iyer D, Mohanpurkar A, Janardhan S, et al. Credit card fraud detection using hidden Markov model// Proceedings of the World Congress on Information and Communication Technologies. IEEE, 2011: 1062-1066

[23] Bhattacharyya S, Jha S, Tharakunnel K, et al. Data mining for credit card fraud: a comparative study. Decision Support Systems, 2011, 50(3): 602-613

[24] Soltani N, Akbari M K, Sargolzaei Javan M. A new user-based model for credit card fraud detection based on artificial immune system// Proceedings of the 16th CSI International Symposium on Artificial Intelligence and Signal Processing. IEEE, 2012: 29-33

[25] Fang X, Koceja N, Zhan J, et al. An artificial immune system for phishing detection// Proceedings of the IEEE Congress on Evolutionary Computation. IEEE, 2012: 1-7

[26] Wong N, Ray P, Stephens G, et al. Artificial immune systems for the detection of credit card fraud: an architecture, prototype and preliminary results. Information Systems Journal, 2012, 22(1): 53-76

第七章 征信系统

7.1 引 言

随着互联网金融业的蓬勃发展，个人或中小企业的信用评估越发得到重视。信用是信用评估机构根据用户日常生活、消费习惯，或企业资信对其"可靠"程度的打分。在国内，信用评估主要由中国人民银行征信中心完成。另外，国内第三方支付平台支付宝上线的芝麻信用评分也是对其用户的一种信用评估，其评估的主要依据是用户通过支付宝购买商品的消费行为数据。另外，随着中国经济的不断深入转型与改革，中小企业融资难问题日益突出，大量存在的轻资产、科技型中小企业的灵活、无抵押的小额贷款需求无法被满足。因此，目前迫切需要一种突破性的、创新信用采集途径的征信体系，基于对个人用户或中小企业的实际情况进行的实时分析，构建信用基础，整合优势资源，控制互联网金融交易的风险，促进互联网金融行业的健康发展。

7.2 信用评估概述

信用评估的发展经历了三个主要阶段：传统信用评分方法、综合信用评分方法、现代信用评分方法。第一阶段，传统信用评分方法，也称作经验法。这是一个定性的信用评分方法，由银行授信人员凭借个人过去的经验，以主观的判断作为贷款批准的依据，这种方法执行上比较容易，弹性也较大，但容易受到个人主观判断的影响，缺乏客观性，容易造成偏差和误差。第二阶段，综合信用评分方法，是目前世界各大评级公司普遍采用的方法。综合评分方法以定性分析为主、定量分析为辅。第三阶段，现代信用评分方法，也称为信用风险度量模型。该方法是指以数理技术为基础的信用风险评估系统，它可以对信用风险进行更为精确的度量。20 世纪中期，为了克服信用评分方法中指标及权数主观设置的缺陷，信用风险度量模型得到了广泛的研究和应用。该模型是利用统计学或运筹学方法，以大量的历史数据为基础，找出具有某种属性的客户的特征，总结出分类规则，建立数学模型，运用该模型预测某种性质的事件发生的可能性，为消费信贷决策提供依据，目前这类方法的应用是最有效的[1-8]。

发达国家的社会信用体系主要有两种模式，一种以美国为代表，另一种以欧洲大陆国家为代表。美国是信用管理行业最发达的国家。具有比较完备的涉及信用信息服务业的法律体系，主要有《公平信用报告法》《诚实借贷法》《消费者信用保护法》《公平信用结账法》《平等信用机会法》《公平债务催收作业法》等。

除了立法完善，美国的信用信息服务业也很发达，信用产品市场的供给和需求旺盛。在美国，信用产品的生产者——信用信息服务机构大致可分三类：第一类，从事个人信用信息服务的信用中介机构(征信机构)。目前美国有三家大的征信机构(也称为消费信用局)，即美国人控股的环联公司、EQUIFAX 公司和英国人控股的益百利公司。这三家征信机构都拥有覆盖全国的庞大信用信息数据库和众多的信用管理人员。第二类，企业资信服务机构，主要是指对各类企业进行信用调查、信用评估等资信服务的信用中介机构。第三类，为企业提供融资服务的评级机构，主要指对国家、银行，证券、基金、债券公司及上市大公司的信用进行评级的信用中介机构[9,10]。

在欧洲，信用信息服务机构是被作为中央银行的一个部门建立，而不是由私人部门发起设立。银行需要依法向信用信息局提供相关信用信息，中央银行承担主要的监管职能。

现如今，越来越多的征信机构将用户的行为纳入评估体系中，运用数据挖掘方面的技术来评估一个用户，甚至一个企业的信用值；相较于传统的人力评估，运用数据挖掘方法不但评估效率高，不会引入人为的认知偏差，而且可以降低评估成本；随着数据量的积累和挖掘技术的成熟，利用数据挖掘方法的信用评估将会更加准确。

7.3　交易数据清洗与查询

要进行有效的信用评估，有效的网络交易数据清洗和查询方法必不可少。网络交易的快速发展导致电子交易数据量呈现爆炸式增长，因此，为了保证数据的安全性与一致性，需要在保证交易数据安全传输的情况下设计简单高效的数据表示与获取方法；针对已存储的大规模电子交易数据，如何识别与清洗因盗用等手段产生的噪声交易数据，快速定位每位用户的单条交易数据是电子交易数据管理需要研究的问题[11-13]。

交易数据清洗主要需要解决两个问题：噪声数据检测和数据归一化。现实中的数据一般是不完整的、有噪声的、不一致的。数据清洗通过领域相关知识，生成过滤规则，识别问题数据，并试图填充缺失值、光滑噪声并识别离群点，纠正数据中的不一致，对于无法修复的数据，则直接过滤。需要强调的是，数据清洗中的过滤规则一定是针对特定的领域知识。例如，气温数据的取值范围应该在-20～

50℃之间，否则就是异常数据；键盘行为中，用户按键时延的值域应该是 0～600ms，否则就是超时异常，需要光滑处理或直接过滤。

由于数据收集的来源不同，所收集到的数据的取值范围、重要性等都是不同的。例如，一个取值范围为[0,1]的特征和一个取值范围为[−100,100]的特征，它们在应用技术中的权重是不同的，对最终数据挖掘结果的影响也不尽相同。因此，推荐对它们进行归一化，并使它们的权重相同，以进行进一步分析。大多数现实中的数据挖掘应用都要处理高维数据，但并非所有的特征都很重要。例如，高维数据可能包含许多不相关的干扰信息，显著降低了数据挖掘过程的性能。甚至一流的数据挖掘算法也不能处理大量弱相关特征和冗余特征。这通常归因于维数灾难或者因为非相关特征降低了信噪比[14-16]。

另外，对于海量或大规模数据集进行复杂的数据分析和挖掘将需要很长的时间，使得这种分析不现实或不可行。数据归约技术可以用来得到数据集的归约表示，它相比于原数据集在规模上要小很多，但仍然基本保持原数据的完整性。这对于归约后的数据集进行挖掘将更有效，并产生几乎相同的结果。数据归约主要分为两类：特征选择(feature selection)和特征提取(feature exaction)。其中特征选择可以检测并删除不相关、弱相关或冗余的属性或维度，同时减少过拟合的可能；特征提取主要通过编码机制，将高维特征向量空间映射到低维向量空间，以此达到减少维度的作用。特征选择的主要评估指标为：

(1)属性的统计特征。如算术平均、加权平均、中位数等反映属性的中心趋势，方差、四分位数等反映属性的离散程度。

(2)信息增益(information gain)。熵(entropy)反映了数据集的无序度，即信息量。通过二分测试可以将数据集分为两个子集合，减小数据无序度，获得信息量。好的属性可以使分类后的信息增益最大。

(3)互信息(mutual information)。互信息是一种信息度量，它是指两个事件集合之间的相关性。对于特征选择，总是希望保留那些与某一个类别相关性高的属性。

(4)皮尔逊卡方检验(Pearson chi-square test)。皮尔逊卡方检验可用于两种情境的变项比较：适配度检验和独立性检验。其中，适配度检验验证一组观察值的次数分配是否异于理论上的分配；独立性检验验证从两个变量抽出的配对观察值组是否互相独立。

7.4　信用评估模型

传统的专家评估法和贷款评级法是以定性分析为主，专家以自己的专业知识和丰富经验为基础来分析信用风险并作出决策，这类信用分析和评级方法简便易行，对数据的要求不是很严格。但是这种方法主观性较强，不同评级机构或不同专家对同一对象的分析可能得出不同的结论，评级结果的公正性也受到多种因素的影响。在这样的方法下，对于同一笔贷款业务，会因为评级机构或专家的不同而得出不同的风险评估结果，这样无法遵从贷款政策的一致性[17-20]。

信用评分模型作为信用风险管理的基础和核心，无论是对于建立社会征信体系还是对于金融机构的信贷资产管理都有着不可替代的作用。其主要目的在于尽量将能够预测借款人未来行为的指标加以整合，并统一成可以比较的单一指标以显示借款人在未来特定时间内违约的可能性。所有的信用评分模型，无论采用什么理论或方法，其最终目的都是将贷款申请者的信用级别分类。随着信用评分模型的不断发展，信用评分已不仅是一种统计方法，也包含了运筹学，如数学规划法、非线性模糊数学(如神经网络方法)等。此外信用评分的实际操作应用也与决策原则紧密相关，决策原则事实上决定了信用评分模型实现其目的和作用的程度[21-27]。国际上曾经用于信用评分的定量模型主要有以下几种：

(1)线性概率模型。该模型假设违约概率 Y 与信用变量 X 之间的关系是线性的，用于解释过去信用行为(违约或不违约)的信用变量及其重要性(系数)被用来预测未来的信用行为。该模型比较简单，但对信用行为这种二分变量的处理存在局限性。

(2)线性判别模型。该模型根据过去观察到的借贷者的信用特征，把他们划分成违约和不违约两种风险类别。在线性假定条件下建立线性判别模型(linear discriminant model)拟合判别函数。使用拟合判别函数对判定对象的信用进行评估。但判别分析给出的判别函数为多个，难以将判别结果转化为信用风险评分，实施起来较为困难。

(3)Logistic 信用评分模型。该模型非常适合信用行为这种二元响应变量，可将估计的违约概率转化为信用得分，便于在系统中实施。

在信用模型分析方面，现有的决策树模型是对总体进行连续的分割，以预测一定目标变量的结果的统计技术。在实际中，为进行企业信用分析，选取企业信用作为目标属性，其他属性作为独立变量。所有客户被划分为两类，即好客户和坏客户，将客户信用状况转换为"是否好客户"，而后利用数据集合来生成一个完整的决策树。决策树模型非常直观，容易解释，对数据的结构和分布不需做任何假设，比较容易转化成商业规则。但是决策树模型对样本量的需求比较大，而且容易过分微调于样本数据而失去稳定性和抗震荡性。另一方面，判别分析法是对研究对象所属类别进行判别的一种统计分析方法。进行判别分析必须已知观测对象的分类和若干表明观测对象特征的变量值。判别分析就是要从中筛选出能提供较多信息的变量并建立判别函数，使推导出的判别函数对观测样本分类时的错判率最小。多元判别分析法可以找到具有判别能力的财务比率、能够衡量企业的整体绩效。但是，这种方法要求变量符合正态分布、变量和信用风险之间呈现线性关系的假设，使得该模型仅适用于有准确财务数据的公司，即公司有一定的规模，发展相对比较成熟，对中小企业的适用性则较差。

随着信用评分领域的研究深入，有学者将人工智能领域的一些模型算法引入到了信用评分研究中，其中人工神经网络模型为典型代表。人工神经网络是由大量简单的基本元件——神经元相互连接而成的自适应非线性动态系统，是一种把各种投入要素通过复杂的网络转换成产出的信息加工结构。人工神经网络模型本质上所解决的问题仍是分类或者说模式识别问题，但其原理却与其他方法迥然相异。人工神经网络有多种模型，比如 BP 神经网络、RBF 神经网络、Hopfield 网络等。BP 神经网络为目前研究最为成熟、算法最为稳定同时应用也为广泛的一种神经网络模型。人工神经网络的运行模型对于弱化权重确定中的人为因素十分有益，具有很强的容错能力，还能处理复杂的非线性关系问题。但是，要得到一个较好的神经网络结构非常耗费人力和时间。因此，人工神经网络模型一般适用于授信后评估过程，较少用于信用评估前期[28-33]。

由于上述信用分析模型在商业应用方面存在的不足，到目前为止回归分析法以其模型训练收敛速度快、模型评估准确的特点成为商业应用最为广泛的一种信用评分模型，其中以著名的 Logistic 回归分析为代表。除此之外，线性回归分析、Probit 回归分析等亦属于此类。最早使用回归分析的 Orgler 等，通过采用线性回归模型制定了一个类似于信用卡的评分卡，其研究表明消费者行为特征比申请表资料更能够预测未来违约可能性的大小。回归分析的目标就是使目标变量值和实际的目标变量值之间的误差最小。目前基于 Logistic 回归的信用评分系统应用最为普遍。然而回归分析模型只能对企业信用评估作静态分析，不能够根据企业的动态发展以及其相关行业的前景趋势作出及时的模型调整，同时对企业的信用评级也不能够根据授信过程中企业的信贷过程作出综合授信风险评估，具有一定的局限性。

目前，国外比较著名的提供个人信用评分的机构有益百利(Experian)和费埃哲(FairIsaac)。益佰利为国际三大征信机构之一，而费埃哲的 FICO 得分被各大征信机构使用。这两家公司在对客户进行信用评分时所采用的模型均为 Logistic 回归模型。其使用的预测变量主要有个人特征信息、账龄信息、信用产品信息、消费信息、还款信息、使用率信息、逾期信息、欠款信息等。益佰利和费埃哲在国内提供风险咨询服务，国内的大型国有银行和城市商业银行零售产品的巴塞尔新资本协议和风险评分项目基本由这两家公司提供。其中风险评分项目均使用多变量的 Logistic 回归模型完成。

7.5 信用挖掘与评估

个人信用主要用于保护交易主体，识别交易对方的可信性，因而在信用评估挖掘时，可以运用基于交易主体风险的信用评估方法。首先通过一个简单模型对网络交易进行验证，如果验证通过则认为其是正常的交易，不用后续进行严格验证，以此解决单纯的数据挖掘模型验证的弊端。需要区分的是该模型衡量的是正常交易，即其目的是在模型验证前对交易中部分正常交易进行筛选，而不能通过本模型的交易中也会包含有正常的交易，对于这部分交易需要进一步利用严格的模型验证进行风险识别。

交易风险控制中，规则验证根据领域知识、黑名单等方式具有较准确的案件控制效果，因此在企业的风险体系中往往处于交易风险识别的入口位置。而模型验证作为规则过滤补充，依据历史的正常交易与异常交易建立模型，对于有风险的交易和正常交易进行分类识别[34,35]。依据在模型验证过程中，对部分明显正常的交易进行分类识别所造成的问题，以及模型验证面临的大量且倾斜的数据造成的问题，提出风险过滤方法，在交易风险的规则验证与模型验证之间添加风险过滤的过程，使符合过滤条件的交易直接通过风险认证，降低对后续模型验证的压力和潜在的错分风险，让正常交易的响应更快速。系统层面上的风险过滤的位置如图 7.1所示。风险过滤对于业界采用的风险控制方式改变较少，可以很好地进行融入。

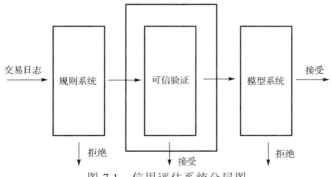

图 7.1 信用评估系统分层图

首先需要对原始的交易数据进行特征选择，并依据信息值(information value，IV)对提取的特征变量进行重要度的筛选[36]。特征的选取可以参考一般的信用卡欺诈监测特征。其中计算信息值首先需要对每一个特征值计算证据权重(weight of evidence，WOE)。证据权重只能表示每个可选的特征值对于目标变量的重要性，如果要衡量整个特征对于目标变量的重要性就要引入信息值计算。设筛选后的特征向量为 $E = \{X_1, X_2, X_3, \cdots, X_4, Y\}$，其中 Y 为类别。为了判断样本是否为正常交易，需要一种衡量手段，将这种衡量手段定义为交易衡量函数 $T(E)$，利用交易样本到案件样本集合质心的距离来表示交易衡量函数。通过计算特征向量到案件样本中心点的欧式距离可以得到特征向量与案件的区分度，令这个区分度为样本的距离衡量值，其中案件样本中心点的各个特征值 X_{ti} 分别由所有案件样本特征向量中各个对应特征的平均值计算得到。同时为了体现特征向量各个特征间的重要性差异，还需要额外计算各个特征变量的权重。可以基于信息值来计算各个特征的特征权重。令特征变量 X_i 的信息值为 v_i，计算 v_i 在所有参与计算的特征变量的信息值总和中的占比 w_i，以此作为特征变量的权重。

将所有样本根据距离量化值进行排序。此时就可以根据一定的目标条件选定距离量化的阈值对样本进行划分，即小于这个阈值的日志为进一步需要区分的样本，而大于这个阈值的日志可以认为是正常交易。因此可以根据具体的场景要求，给定可以错误排除的案件交易的接受范围，以此选择合适的距离划分阈值，对样本进行浓度均衡的划分。对于均衡后的样本可采用一般的分类模型进行模型训练。这部分处理过程如图 7.2 所示。

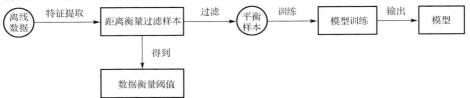

图 7.2　基于距离判别的风险过滤方法离线数据处理流程图

最后在模型验证阶段，对于在线数据首先计算距离衡量用的特征值。然后利用在离线训练阶段得到的距离量化阈值判断样本是否属于正常交易，如果是，则直接预判该样本为正常交易，并返回分类结果；如果不是，即小于阈值，则利用在离线训练中均衡后训练得到的模型进行分类，并输出分类的结果。在线数据验证的部分过程如图 7.3 所示。

图 7.3　基于距离判别的风险过滤方法在线数据分类流程图

7.6　本　章　小　结

信用风险的评估，在国际上尚未形成成熟的模型。国际上主流信用风险评估方法和模型也都有各自的优缺点。总体来说，要构建具有较高准确率与泛化能力的信用模型，必须具备充足的基础数据与良好的数据挖掘技术。在我国，征信系统的建设起步较晚，相对于西方国家传统的几家征信机构而言，尚处于初级建设期。然而，随着数据挖掘技术不断应用于信用评估中，运用自动化的分析技术，通过对个体的交易、行为数据整合建模，进而完成信用评估，中国在这方面已处于领先阶段，下一步将要提高信用准确率，整合多家企业沉淀的用户数据，建设统一完善的征信系统，更好地服务于中国用户，同时能够更进一步保障网络交易各方主体的安全，降低交易风险程度。

参 考 文 献

[1] 王深. 国家风险评价指标体系对比研究. 经济与管理研究, 2008, (6): 51-55

[2] 赵欣颜. 信用衍生产品机理分析与应用研究. 天津财经大学, 2008

[3] Fishman A. Financial intermediaries as facilitators of information exchange between lenders and reputation formation by borrowers. International Review of Economics and Finance, 2009, 18(2): 301-305

[4] Saunders A. Credit Risk Measurement: New Approaches to Value at Risk and Other Paradigms. Hoboken: Wiley, 1999, 12-56

[5] 冯建友. 现代信用风险管理模型的发展与比较研究. 中国科技大学, 2007

[6] 熊大永. 信用风险理论与应用研究. 复旦大学, 2002

[7] 安辉. 现代金融危机国际传导机制及实证分析——以亚洲金融危机为例. 财经问题研究, 2004, (8): 45-48

[8] 蒋昌俊, 闫春钢, 程久军, 等. 基于社交网络的动态群体间信任度估算方法: ZL201110121996.8. 2015-04-29

[9] 许文彬, 张亦春, 黄瑾轩. 美国三大评级公司主权评级模式评析. 国际金融研究, 2009, 10: 26-33

[10] 陈新年. 美国信用服务体系的经验及启示. 宏观经济研究, 2005, (1): 57-60

[11] Jiang C J, Ding Z J, Wang J L, et al. Big data resource service platform for the Internet financial industry. Chinese Science Bulletin, 2014, 59(35): 5051-5058

[12] 蒋昌俊, 大数据的勘探与分析的若干思考. 国家自然科学基金委员会双清论坛报告, 2013

[13] 蒋昌俊, 互联网非合作环境下大数据的探析问题. 中国科学院科学与技术前沿论坛报告, 2013

[14] Hammer P L, Kogan A, Lejeune M A. Modeling country risk ratings using partial orders. European Journal of Operational Research, 2006, 175, (2): 836-859

[15] Moura Pinheiro A C. Segmentation and the Use of Information in Brazilian Credit Markets, Credit Reporting Systems and the International Economy. Boston: MIT Press, 2003

[16] Agostino C, Cvitani J. Credit risk modeling with misreporting and incomplete information. International Journal of Theoretical and Applied Finance, 2009, 12(2): 1-29

[17] Oral M, Kettani O, Cosset J C, et al. An estimation model for country risk rating. International Journal of Forecasting, 1992, (8): 583-593

[18] Zadeh L A. Outline of a new approach to the analysis of complex systems and decision processes. IEEE Transactions on Systems, Man and Cybernetics, 1973, 3(1): 28-44

[19] Jiang C J, Sun H C, Ding Z J, et al. An indexing network: Model and applications. IEEE Transactions on Systems Man Cybernetics-Systems, 2014, 44(12): 1633-1648

[20] Jiang C J, Ding Z J, Wang P W. An indexing network model for information services and its applications//Proceedings of the 6th IEEE International Conference on Service Oriented Computing and Applications, 2013: 290-297

[21] de Janvry A, McIntosh C, Sadoulet E. The supply- and demand-side impacts of credit market information. Journal of Development Economics, 2010, 93(2): 173-188

[22] Kobrin S. Assessing political risk overseas. Multinational Enterprise in Transition: Selected Readings and Essays, London, Darwin, 1986: 59-68

[23] Leland H E. Predictions of expected default frequencies in structural models of debt. Venice Conference on Credit Risk, 2002, 1-37

[24] 扎德. 模糊集与模糊信息粒理论. 北京: 北京师范大学出版社, 2005

[25] 徐玖平, 吴巍. 多属性决策的理论与方法. 北京: 清华大学出版社, 2006

[26] Estes R J. Economies in transition: revisiting challenges to quality of life. Handbook of Social Indicators and Quality of Life Research, 2012: 433-457

[27] 寇纲, 娄春伟, 彭怡, 等. 基于时序多目标组合方法的主权信用违约风险研究. 管理科学学报, 2012, 15(4): 81-87

[28] Phua C, Lee V, Smith K, et al. A comprehensive survey of data mining-based fraud detection research. Artificial Intelligence Review, 2010

[29] Sherman E. Fighting Web fraud. Newsweek, 2002

[30] Ghosh S, Reilly D L. Credit card fraud detection with a neural-network// Proceedings of the 27th Hawaii International Conference on System Sciences. IEEE, 1994: 621-630

[31] Kokkinaki A I. On atypical database transactions: identification of probable frauds using machine learning for user profiling// Proceedings of the Knowledge and Data Engineering Exchange Workshop. IEEE, 1997: 107-113

[32] Shen A, Tong R, Deng Y. Application of classification models on credit card fraud detection// Proceedings of the International Conference on Service Systems and Service Management. IEEE, 2007: 1-4

[33] 田立勤, 林闯. 基于双滑动窗口的用户行为信任评估机制. 清华大学学报: 自然科学版, 2010, (5): 763-767

[34] 樊丽杰, 王素贞, 刘卫. 基于人类信任机制的移动电子商务信任评估方法. 计算机科学, 2012, 39(1): 190-192

[35] Zhang S, Lu X, Wang B. A trust evaluation model behaviors based in electricity market// Proceedings of the 3rd International Conference on Electric Utility Deregulation and Restructuring and Power Technologies. IEEE, 2008: 561-566

[36] Wang Y, Wong A K C. From association to classification: inference using weight of evidence. IEEE Transactions on Knowledge and Data Engineering, 2003, 15(3): 764-767

第八章　案　例　分　析

8.1　引　　言

　　网络交易系统在功能和性能方面的要求最终通过代表各主体的业务软件的交互运行得以满足，因此需要面向业务流程进行软件架构设计，以正确反映流程逻辑和行为依赖关系，并达到业务软件的执行与业务流程的功能需求相一致的目的。在设计和实现过程中，需要考虑软件的运行环境，设计相关接口和交互协议。在架构和接口设计的基础上，研究业务流程的功能可预期性和相关测试方法，以便分析业务软件的功能可预期性。网络交易软件系统是一类典型的人机交互系统，这类系统的软件行为和用户行为是相互交错、互为作用的。因此必须综合、集成软件行为和用户行为形成整体的系统行为模式，才有可能完整、准确地刻画网络交易软件系统的在线行为。本章针对几个实际的案例，进行了形式化的建模和分析，验证了一些网络交易系统的关键属性。

8.2　案例一：IOTP 购买交易

　　互联网开放贸易协议(internet open trading protocol，IOTP)是一系列的标准，它使电子购买交易在客户、销售商和其他相关部分都是一致的，且与使用的何种付款系统无关[1-3]。IOTP 是由国际互联网工程任务组(Internet Engineering Task Force，IETF)最近开发的一种国际标准(RFC 2801)[4]，为实现网上电子商务提供了一个互操作框架。IOTP 适用于多种付款系统，如 SET、DigiCash、电子支票或借记卡等，付款系统中的数据封装在 IOTP 报文中。IOTP 处理的交易可以包括客户、销售商、信用支票、证明、银行等部分。IOTP 使用可扩展标记语言(extensible markup language，XML)来定义包含在交易中的数据。IOTP 的目的是为完成一次网上电子交易定义信息交换、相关数据流及数据的格式。在 IOTP 中定义了九个基本的交易，其中最为重要的是购买交易(purchase transaction)。因此，本节将标注工作流网用于 IOTP 购买交易的描述与分析，由此进一步例证标注工作流网模拟技术在电子商务系统分析中的应用方法[5-10]。

8.2.1 IOTP 购买交易

IOTP 贸易交易是面向客户的，并可以处理由不同方或一方进行的商家、支付处理方、商品和业务投递方以及用户支持方的各种交易情况。它的购买交易是应用某种支付方法来实现商品或服务的采购。因此，当一方向另一方在网上购买商品或服务时，需要应用购买交易完成这次采购过程。

图 8.1 给出了购买交易中参与者之间交换信息的处理过程。交易角色用来辨别不同组织在交易中所起的作用。IOTP 定义了六种交易角色：客户 (consumer，C)、商家 (merchant，Me)、支付处理方 (payment handler，PH)、业务投递方 (delivery handler，DH)、商家客户服务支持方 (merchant customer care provider)、支付工具客户服务支持方 (payment instrument customer care provider)。客户接收来自商家的商品或服务，并及时支付货款或服务费用。商家向客户提供商品或服务，并接收来自客户的货款或服务费。支付处理方代表商家接收客户的付费，而业务投递方代表商家物理上向客户递交商家的商品或服务。商家客户服务支持方代表商家与客户进行交易协商，并提供解决方案。支付工具客户服务支持方为客户提供特殊支付服务，如提供电子现金 (e-cash) 支付服务等。为了简化分析过程，在本节的讨论中，最后两种交易角色被忽略。

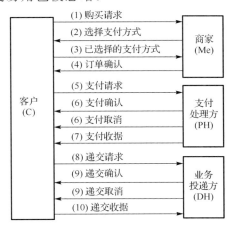

图 8.1 购买交易中参与者之间交换信息的处理过程

在 IOTP 购买交易中，每一个交易角色都有自己的交易目标。例如，客户的交易目标是从业务投递方得到购买的商品或服务，而业务投递方的交易目标是得到来自客户的递交收据。在客户与商家之间交换的信息包括客户要求使用的支付品牌 (payment brand) 和支付协议 (payment protocol)。当客户需要购买商品或服务时，他就向商家发送购买请求 (purchase request)。商家一旦收到客户的购买请求，他就启动购买交易，并向客户提供一个可供选择的交易协议列表。交易协议选择项（trading protocol options include）中包括一个商家支持的支付品牌清单（如 Visa 和 Maste 等）及相应的支付方式（如 SET2 等）。然后，客户可从列表中选择一种支付品牌（比如 Visa）和一种支付方式（比如 SET 协议），并且将已选择的支付品牌和支付方式返回给商家。商家则依据客户的选择建立一个订单确认，并将其传递给客户。订单确认包括客户购买的商品或服务的详细内容，例如支付数量、递交方式等。

　　客户与支付处理方之间交换信息的目的是解决交易中的费用支付问题。在客户对订单确认中的支付信息作仔细检查后，客户向支付处理方发送支付请求（payment request）。然后，支付处理方检查客户的支付请求信息，诸如客户签名等。如果支付请求有效，则支付处理方通过与客户交换支付信息完成整个支付过程。若客户已选择 SET 协议，则他们之间交换的信息是有关 SET 支付协议的数据。在完成支付过程后，支付处理方向客户发送已签名的支付确认信息及支付收据[10]。

　　客户与业务投递方之间交换的信息涉及本次交易中商品或服务的递交信息。客户检查订单确认中的递交条款，并将来自支付处理方的支付收据作为递交请求（delivery request）中的认证信息。同时，客户将递交请求发送到业务投递方。然后，业务投递方开始或准备递交商品或服务，并向客户发送递交通知（delivery response）。实物商品的递交是物理上进行的，即通过运输公司递交，而电子商品（如电子期刊）的递交是数字递交。最后，一旦客户收到商品，他就及时向业务投递方发送商品递交收据。但是，在递交阶段，商品或服务及递交收据的实际传送过程不在 IOTP 贸易交易中。

　　此外，由于数字签名可用来辨别信息发送者的身份，IOTP 应用数字签名技术保证交易的安全性。为了便于分析，将组织之间的每个通信事件分成两个动作：发送动作和接收动作。例如，在购买交易的第(5)步中，支付请求的传递分为客户向支付处理方发送支付请求动作和支付处理方接收客户的支付请求动作。发送动作是主动动作，而接收动作是被动动作。

8.2.2　购买交易的标注工作流网模型

　　下面应用标注工作流网模拟 IOTP 购买交易的处理过程。购买交易中的每个组织应用一个标注工作流网模拟，组织之间的异步通信通过标识中的网络条件实现。整个购买交易的工作流程由组织间标注工作流网模拟。如果用标注工作流网 $LaPN_C$ 模拟客户交易过程（图 8.2），用标注工作流网 $LaPN_{Me}$ 描述商家交易过程（图 8.3），用标注工作流网 $LaPN_{PH}$ 模拟支付处理方交易过程（图 8.4），以及用标注工作流网 $LaPN_{DH}$ 模拟业务投递方交易处理过程（图 8.5），则模拟整个购买交易的组织间标注工作流网模型由标注工作流网 $LaPN_C$、$LaPN_{Me}$、$LaPN_{PH}$ 和 $LaPN_{DH}$ 组合而成。本节重点分析不同组织间异步通信动作的行为及不可否认性，这些动作是否成功实施将对整个购买交易产生重要的影响，甚至会给某些组织带来巨大的经济损失。因此，在这四个组织的标注工作流网模型中，某些内部动作的省略不影响对系统主体责任及证据的分析，诸如支付收据的检查或核对等。

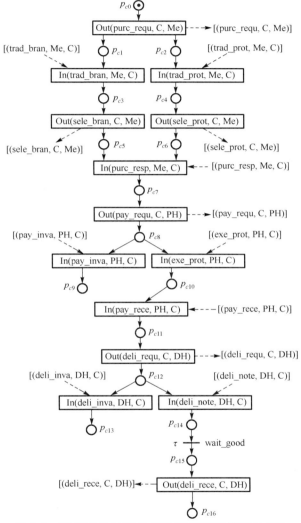

图 8.2　客户交易过程的标注工作流网模型 LaPN$_C$

在图 8.2 中，客户交易过程的标注工作流网模型 **LaPN$_C$** 包含一个内部动作(即 wait_good)，八个输入变迁和六个输出变迁。库所 $p_{c0}, p_{c1}, \cdots, p_{c16}$ 是控制库所，其中库所 p_{c0} 是工作流网的开始库所(源库所)，库所 p_{c9}, p_{c13} 和 p_{c16} 是工作流网的终库所(吸库所)。在初始状态，库所 p_{c0} 中包含一个控制托肯。一旦终库所之一含有一个控制托肯时，客户工作流进程就结束。也就是说，客户的个人目标集是

$G_{fc} = \{(M_{p1}^{(c)}(p_{c9})=1),\ (M_{p2}^{(c)}(p_{c13})=1),\ (M_{p3}^{(c)}(p_{c16})=1)\}$。个人目标 $M_{p1}^{(c)}(p_{c9})=1$ 意味着客户的支付请求被支付处理方拒绝；个人目标 $M_{p2}^{(c)}(p_{c13})=1$ 意味着客户的商品递交请求被业务投递方拒绝；个人目标 $M_{p3}^{(c)}(p_{c16})=1$ 意味着客户成功完成了购买交易过程。前两个个人目标表达了客户交易过程的正常中止，而最后一个个人目标表达了客户交易过程的成功结束。由图 8.2 可知，客户首先通过引发变迁 Out(purc_requ, C, Me)向商家发送购买请求，此时网络条件中包含信息 [(purc_requ, C, Me)]。一旦网络条件中出现信息[(trad_bran, Me, C)]和[(trad_prot, Me, C)]，客户可以并发引发变迁 In(trad_bran, Me, C)和 In(trad_prot, Me, C)分别接收来自商家的支付品牌及支付方式列表，并引发变迁 Out(sele_bran, C, Me)和 Out(sele_prot, C, Me)选择自己需求的支付品牌及支付方式。变迁 In(trad_bran, Me, C)和 Out(sele_bran, C, Me)及变迁 In(trad_prot, Me, C)和 Out(sele_prot, C, Me)，也可以分别顺序引发。但是，变迁 In(purc_resp, Me, C)的引发使得它们达到同步，并从商家得到商品订单确认信息。接下来，客户将与支付处理方通信并完成支付过程。客户通过引发变迁 Out(pay_requ, Me, PH)向支付处理方发送支付请求。若网络上出现信息[(pay_inva, PH, C)]，客户引发变迁 In(pay_inva, PH, C)获得目标 $M_{p1}^{(c)}(p_{c9})=1$，过程中止；否则，若网络上出现信息[(exec_prot, PH, C)]，则客户引发变迁 In(exec_prot, PH, C)得到支付请求有效信息，并接着引发变迁 In(pay_rece, PH, C)获得支付指令。在支付过程结束后，客户将引发变迁 Out(deli_requ, C, DH)向业务投递方发送商品递交请求。如果递交请求无效，则客户引发变迁 In(deli_inva, DH, C)获得目标 $M_{p2}^{(c)}(p_{c13})=1$，过程中止；否则，客户引发变迁 In(deli_note, DH, C)接收来自业务投递方的商品递交通知，并分别通过引发内部变迁 wait_good 和输出变迁 Out(deli_rece, C, DH)获得订购的商品和向业务投递方发出商品到达信息，同时获得目标 $M_{p3}^{(c)}(p_{c16})=1$，过程成功。

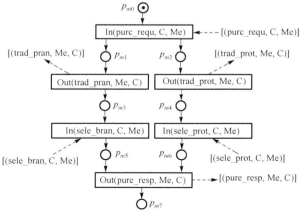

图 8.3　商家交易过程的标注工作流网模型 $LaPN_{Me}$

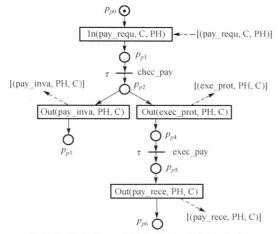

图 8.4 支付处理方交易过程的标注工作流网模型 LaPN$_{PH}$

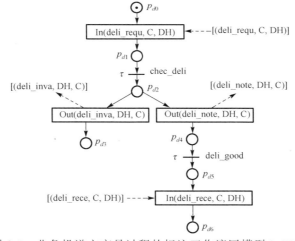

图 8.5 业务投递方交易过程的标注工作流网模型 LaPN$_{DH}$

图 8.3 给出了商家交易过程的标注工作流网模型 LaPN$_{Me}$。与图 8.2 相对应，商家在引发变迁 In(purc_requ, C, Me)收到客户的购买请求后，可以并发地执行变迁 Out(trad_bran, Me, C) 和 Out(trad_prot, Me, C)、In(sele_bran, C, Me) 和 In(sele_prot, C, Me)，向客户发送可供选择的支付品牌和支付方式，并接收他的选择。接着引发变迁 Out(purc_resp, Me, C)向客户传递订单确认信息，并获得唯一的商家目标 $M_p^{(m)}(p_{m7})=1$，即商家成功完成了与客户之间的买卖协商过程。

在图 8.4 中，标注工作流网模型 LaPN$_{PH}$描述了支付处理方在购买交易中的处理过程。支付处理方有两个目标，一个是当客户支付请求无效时，正常中止，即 $M_{p1}^{(PH)}(p_{p3})=1$；另一个是客户请求有效时成功结束，即 $M_{p2}^{(PH)}(p_{p6})=1$。一旦客户有支付请求，支付处理方就引发变迁 In(pay_requ, C, PH)接收客户的支付请求。在引发内部变迁 chec_pay 检查客户请求后，若请求无效，则引发变迁 Out(pay_inva, PH, C)向客户发送支付请求无效通知，到达目标 $M_{p1}^{(PH)}(p_{p3})=1$，过程中止；否则，引发变迁 Out(exec_prot, PH, C)通知客户使用已选择的支付品牌及支付方式启动支付过程，通过引发内部变迁 exec_pay 自动完成支付过程，并接着引发变迁 Out(pay_rece, PH, C)向客户发送支付过程成功结束信息，到达目标 $M_{p2}^{(PH)}(p_{p6})=1$。

图 8.5 给出了业务投递方交易过程的标注工作流网模型 LaPN$_{DH}$。类似于支付处理方，业务投递方也有两个结束目标 $M_{p1}^{(DH)}(p_{d3})=1$ 和 $M_{p2}^{(DH)}(p_{d6})=1$。前者意味着客户的商品递交请求无效，即正常中止；后者意味着商品递交过程被成功完成。工作流程及变迁的含义与图 8.4 相似，在此就不再重复。

整个购买交易的工作过程的标注工作流网模型由图 8.2 到图 8.5 所示的四个模型组合而成，即它是一个组织间标注工作流网模型，记为 ILaPN$_{pt}$。由组织间标注工作流网的定义知，其标注工作流网之间的通信联系通过标识中的网络条件实现。

8.2.3 购买交易性质分析

本节中，将依据图 8.2 到图 8.5 的标注工作流网模型，分析购买交易健壮性和无阻塞性，以及主体责任、不可否认性及证据收集等系统性质。

1. 健壮性与无阻塞性

为便于分析，假设购买交易的组织间标注工作流网 ILaPN$_{pt}$ 的初始网络条件是空的，即 $M_{net0}=\varnothing$。四个标注工作流网的初始控制标识，在图 8.2 到图 8.5 中已经给出定义。例如，在图 8.2 中，客户的终止状态集为 $G_{fc}=\{(M_{p1}^{(c)}(p_{c9})=1)$，$(M_{p2}^{(c)}(p_{c13})=1)$，$(M_{p3}^{(c)}(p_{c16})=1)\}$；在图 8.3 中，标注工作流网 LaPN$_{Me}$ 的初始控制标识是 $M_0^{(m)}(p_{m0})=1$。由于对 $\forall M_p^{(c)} \in G_{fc}$，$\forall \sigma \in L(<LLaPN_C, M_p^{(c)}>)$，在不考虑并发变迁顺序的情况下，$\sigma$ 中仅包含一个变迁引发序列，故由定义 3.24 知，标注工作流网 LaPN$_C$ 具有良性行为。图中有两对并发变迁，即 In(trad_bran, Me, C) 和 In(trad_prot, Me, C)、Out(sele_bran, C, Me) 和 Out(sele_prot, C, Me)，但它们都在一个从输出变迁 Out(purc_requ, C, Me)到输入变迁 In(purc_resp, Me, C)的 AND-split/join 结构中。因此，即使考虑并发变迁的引发顺序，这些并发变迁在任一引发序列中都必须引发，此时定义 3.24 的条件仍满足。同理，可验证标注工作流网 LaPN$_{Me}$、LaPN$_{PH}$ 和 LaPN$_{DH}$ 都是具有良性行为的，容易验证这四个标注工作流网也满足定义 3.21，即它们的终止状态集都是协同状态集。也就是说，对于任一主体的标注工作流网，每一个个人目标都不可能仅通过执行内部变迁来获得，这显然符合购买交易的实际需求。

现在检查标注工作流网的健壮性和无阻塞性。由于每个标注工作流网的初始源库所中均含有一个控制托肯，不难验证它们的局部标注工作流网的扩展网 $LLaPN^{\#}$ 是活的和安全的。因此，根据定理 3.1，它们的局部工作流网都是健壮的。在图 8.2 中，根据前面的分析，对 $\forall\sigma\in L(<LLaPN_C, M_{p0}^{(c)}>)$，如果 $\sigma\notin L(<LLaPN_C, G_{fc}>)$，则显然存在 σ'，使得 $\sigma\circ\sigma'\in L(<LLaPN_C, G_{fc}>)$。所以，由定义 3.20，$<LLaPN_C, G_{fc}>$ 是无阻塞的。同理，可验证其他三个标注工作流网也是无阻塞的。例如，在图 8.3 的标注工作流网模型 $LaPN_{Me}$ 中，它的目标集为 $G_{fm}=\{M_p^{(m)}(p_{m7})=1\}$，仅有一个并发变迁引发序列，即 $\sigma=In(purc\_requ, C, Me)\circ((Out(trad\_bran, Me, C)\circ In(sele\_bran, C, Me))\parallel(Out(trad\_prot, Me, C)\circ In(sele\_prot, C, Me)))\circ Out(purc\_resp, Me, C)$，故对 σ 的任一个前缀子序列，都存在其后续子序列，使得目标 $M_p^{(m)}(p_{m7})=1$ 被达到，即 $<LLaPN_{Me}, G_{fm}>$ 是无阻塞的。

对于购买交易的组织间标注工作流网模型 $ILaPN_{pt}$，它的初始标识为 $M_0=(M_{p0}, M_{net0})$，其中初始控制标识 $M_{p0}=(M_{p0}^{(c)}, M_{p0}^{(m)}, M_{p0}^{(PH)}, M_{p0}^{(DH)})$，初始网络条件 $M_{net0}=\varnothing$。$ILaPN_{pt}$ 的终止状态集为 $G_f=\{(M_{p1}(p_{c16})=1, M_{p1}(p_{m7})=1, M_{p1}(p_{p6})=1, M_{p1}(p_{d6})=1), (M_{p2}(p_{c13})=1, M_{p2}(p_{m7})=1, M_{p2}(p_{p6})=1, M_{p2}(p_{d3})=1), (M_{p3}(p_{c9})=1, M_{p3}(p_{m7})=1, M_{p3}(p_{p3})=1, M_{p3}(p_{d0})=1)\}$，并且 $G_f\subseteq G_{fc}\times G_{fm}\times G_{fPH}\times G_{fPH}$。由于 $G_{fc}\times G_{fm}\times G_{fPH}\times G_{fPH}$ 中包含所有子目标的组合，有些主体的个人目标处在标注工作流网的选择结构中，它们的组合不能作为购买交易的终止目标。例如，组合目标 $\{(M_p(p_{c9})=1, M_p(p_{m7})=1, M_p(p_{p6})=1, M_p(p_{d3})=1)\}\subseteq G_{fc}\times G_{fm}\times G_{fPH}\times G_{fPH}$，但它意味着客户收到了一个支付请求无效信息，商家成功完成了与客户的订单协商过程，业务投递方向客户发出了递交请求无效信息，而支付处理方成功完成了客户支付过程。显然，这是一个矛盾的终止目标。因此，G_f 是 $G_{fc}\times G_{fm}\times G_{fPH}\times G_{fPH}$ 的一个真子集。由图 8.2 到图 8.5 可验证 $G_f\in R(M_{p0})$。此外，若有 $M_p(p_{p3})=1$，则意味着支付处理方已拒绝客户的支付请求，故在图 8.5 中，$M_p(p_{d0})=1$ 也作为业务投递方的一个个人目标。由上面的分析知，四个标注工作流网 $LaPN_C$、$LaPN_{Me}$、$LaPN_{PH}$ 和 $LaPN_{DH}$ 都具有良性行为，它们的终止状态集都是协同终止状态集，且 $<LLaPN_C, G_{fc}>$、$<LLaPN_{Me}, G_{fMe}>$、$<LLaPN_{PH}, G_{fPH}>$ 和 $<LLaPN_{DH}, G_{fDH}>$ 都是无阻塞的。因此，它们满足定理 3.3 的条件 (1)。为了验证这四个标注工作流网也满足条件 (2)，只要检查每对有依赖关系的主体 (即客户与商家、客户与支付处理方、客户与业务投递方) 之间通信动作 (输入变迁和输出变迁) 的顺序，是否与其在内部标注工作流网引发序列中的优先顺序一致，是否会出现双方相互等待接收对方数据的情况。从四个标注工作流网的结构可看出，对于 G_f 中购买交易的每一公共目标 M_p，定理 3.3 的条件 (2) 均满足。因此，根据定理 3.3，对于前面定义的终止状态集 G_f，$<ILaPN_{pt}, G_f>$ 是无阻塞的。

2. 责任与证据

在上面对购买交易的组织间标注工作流网模型的健壮性和无阻塞性的分析中，其实隐含地假设了每一主体都是诚实的，即每一方都能按照交易协议积极地履行自己的责任，以保证一个公共目标被获得。但是，正如前文有关主体责任的分析中所指出的那样，不能排除某一主体的欺骗行为或不实施自己一方的跟随动作。例如，在图 8.4 中，支付处理方在执行了内部动作 exec_pay 后，不再引发输出变迁 Out(pay_rece, PH,C)向客户发送支付收据。这就导致客户支付后没有得到支付证据，给客户带来经济损失。因此，在购买交易的分析中，每一方的责任、证据及不可否认性分析也是很重要的。下面讨论购买交易中的主体责任、证据收集、不可否认性等问题。

因此，为了避免上述情况的发生，对任意 $\sigma \in L(<\text{ILaPN}_{pt}, M_{p0}>)$，如果 $\sigma \notin L(<\text{ILaPN}_{pt}, G_f>)$，则某一方必须实施某一(些)跟随动作，使得购买交易目标集 G_f 中的一个公共目标被实现。也就是说，在购买交易的工作流进程中，必须对每一个使能动作引发明确是哪一主体的责任，并收集引发动作的不可否认证据。例如，在图 8.3 中，商家在执行动作 In(purc_requ, C, Me)后，就有责任并发地引发输出变迁 Out(trad_bran, Me, C)和 Out(trad_prot, Me, C)。在图 8.4 中，支付处理方在引发输入变迁 In(pay_requ, C, PH)和内部变迁 chec_ pay 后，就有责任选择地执行输出动作 Out(pay_inva, PH, C)或 Out(exec_prot, PH, C)。

依据购买交易的组织间标注工作流网模型 ILaPN_{pt}，对它的一个终止状态 $\{(M_p(p_{c16})=1, M_p(p_{m7})=1, M_p(p_{p6})=1, M_p(p_{d6})=1)\}$，初始标识 $(M_{p0}(p_{c0})=1, M_{p0}(p_{m0})=1, M_{p0}(p_{p0})=1, M_{p0}(p_{d0})=1)$，则可以验证 $M_p \in G_f$ 且 $M_p \in R(M_{p0})$。根据前面的分析，$L(<\text{ILaPN}_{pt}, M_p>)$ 是无阻塞的，如果客户有责任引发变迁序列 $\sigma^{(c)} = \text{Out}(\text{purc\_requ}, C, Me) \cdot ((\text{In}(\text{trad\_bran}, Me, C) \cdot \text{Out}(\text{sele\_bran}, C, Me)) \parallel (\text{In}(\text{trad\_prot}, Me, C) \cdot \text{Out}(\text{sele\_prot}, C, Me))) \cdot \text{In}(\text{purc\_resp}, Me, C) \cdot \text{Out}(\text{pay\_requ}, C, PH) \cdot \text{In}(\text{exec\_prot}, PH, C) \cdot \text{In}(\text{pay\_rece}, PH, C) \cdot \text{Out}(\text{deli\_requ}, C, DH) \cdot \text{In}(\text{deli\_note}, DH, C) \cdot \tau \cdot \text{Out}(\text{deli\_rece}, C, DH) \in L(<\text{LLaPN}_C, \Gamma_{P \to Pc}(M_p)>)$；商家有责任引发变迁序列 $\sigma^{(m)} = \text{In}(\text{purc\_requ}, C, Me) \cdot ((\text{Out}(\text{trad\_bran}, Me, C) \cdot \text{In}(\text{sele\_bran}, Me, C)) \parallel (\text{Out}(\text{trad\_prot}, Me, C) \cdot \text{In}(\text{sele\_prot}, C, Me))) \cdot \text{Out}(\text{purc\_resp}, Me, C) \in L(<\text{LLaPN}_{Me}, \Gamma_{P \to Pm}(M_p)>)$；支付处理方有责任引发变迁序列 $\sigma^{(p)} = \text{In}(\text{pay\_requ}, C, PH) \cdot \tau \cdot \text{Out}(\text{exec\_prot}, PH, C) \cdot \tau \cdot \text{Out}(\text{pay\_rece}, PH, C) \in L(<\text{LLaPN}_{PH}, \Gamma_{P \to PPH}(M_p)>)$；以及业务投递方有责任引发变迁序列 $\sigma^{(d)} = \text{In}(\text{deli\_requ}, C, DH) \cdot \tau \cdot \text{Out}(\text{deli\_note}, DH, C) \cdot \tau \cdot \text{In}(\text{deli\_rece}, C, DH) \in L(<\text{LLaPN}_{DH}, \Gamma_{P \to PDH}(M_p)>)$，则当他们的责任被成功实施后，基于定理 3.5，公共目标 M_p 一定可以获得。实际上，变迁序列 $\sigma^{(c)}$、$\sigma^{(m)}$、$\sigma^{(p)}$ 和 $\sigma^{(d)}$ 分别是 ILaPN_{pt} 的变迁序列 $\sigma \in L(<\text{ILaPN}_{pt}, M_p>)$

在标注工作流网 LaPN$_C$, LaPN$_{Me}$, LaPN$_{PH}$ 和 LaPN$_{DH}$ 上的投影序列，并且 σ 是这四个投影序列的并行组合。

由于 $<$ILaPN$_{pt}$, $G_f>$ 是无阻塞的，根据定理 3.4 和定理 3.5，如果每一方都不存在引发某一(些)动作的责任下，购买交易的一个目标一定可以实现，即或者一次交易成功完成，或者一次交易正常中止。

在一个案例的生命周期内，所有参与交易主体的通信动作都存储在标注工作流网的网络条件 M_{net} 中。因此，这个网络条件记录了购买交易运行中各方的所有通信行为，它们可用来作为解决事后纠纷的证据。这些证据带有发送者的数字签名，故它们具有不可否认性。例如，若存在变迁引发序列 $\sigma \in L(<$ILaPN$_{pt}$, $R(M_0)>)$，使得 $M_0[\sigma > M=(M_p, M_{net})$，其中 $M_{net}=\{$ [(purc_requ, C, Me)], [(trad_bran, Me, C)], [(trad_prot, Me, C)], [(sele_bran, C, Me)], [(sele_prot, C, Me)] $\}$，则根据 M_{net} 中信息 [(trad_bran, Me, C)] 的数字签名，商家执行了动作 Out(trad_bran, Me, C) 是不可否认的事实。同时，客户基于这个网络条件，也能证明商家已经收到了他的购买请求。此外，依据购买交易的组织间标注工作流网模型 ILaPN$_{pt}$ 和上面的网络条件 M_{net}，任何一个第三方能够推出并确定在客户方已经发生的动作序列 $\sigma^{(c)}=$ Out(purc_requ, C, Me) · ((In(trad_bran, Me, C) · Out(sele_bran, C, Me)) || (In(trad_prot, Me, C) · Out(sele_prot, C, Me)))，及商家已经实施的动作序列 $\sigma^{(m)}=$In(purc_requ, C, Me) ◦ (Out(trad_bran, Me, C) || Out(trad_prot, Me, C))。如果商家没有引发输入变迁 In(sele_bran, C, Me) 和 In(sele_prot, C, Me)，则他有责任引发它们，否则客户有责任引发输出变迁 Out(sele_bran, C, Me)。因此，如果对某一 $\sigma \notin L(<$ILaPN$_{pt}$,$G_f>$)且本次合作没有任何进展，则某一方一定有责任引发一个跟随动作。但是，一旦参与购买交易的每一方都不在责任下，则公共目标集 G_f 中的一个目标必定可以达到。

由此可看出，应用标注工作流网能够较好地描述电子商务系统的主体责任、不可否认性，解决证据收集等问题。引发序列的无阻塞性为实现主体责任的分析起着重要的作用。标注工作流网分析方法的另一特点是可以相对独立地分析每个主体的行为，在此基础上再进行整个系统的性质分析，从而可以简化电子商务系统的分析复杂度。

8.3　案例二：NopCommerce 与 PayPal Standard 整合的流程缺陷

近年来，融合了第三方支付平台和多个交易主体的电子商务和在线购物迅速发展。随之而来的是相关的安全和容错问题。导致这些问题的原因包括用户的恶意或错误行为，以及不完善的业务流程本身。业务流程本身的问题很容易导致安全脆弱点的出现，并导致用户资金的损失。现有的在线购物系统的许多问题事件都是由数据错误和状态不一致所导致的[11-15]。电子商务系统需要数据流，控制流和资金流的统一，并能够应对潜在的系统崩溃和消息丢失所导致的交易结果不一致。作为网络上的分布式应用程序，电子商务业务流程是复杂和松耦合的，因而必须有相应的模型和机制来发现潜在的缺陷，保证电子商务业务流程的可信性。

在电子商务系统中，新的安全挑战存在于应用层和设计阶段。在概念模型设计阶段检测到交易过程中的缺陷和逻辑错误，可以确保电子商务系统设计的正确性和可靠性。如果在电子商务系统实施之后发现错误，那么对现有系统的修改和补救将是代价高昂的。本节专注于系统设计阶段的电子商务业务流程本身的建模与验证，融合了数据流、控制流以及三方交易主体(买方、卖方和第三方支付平台)。为了确保电子商务业务流程的交易属性，基于 EBPN 模型，提出了电子商务业务流程的结构合理性与交易一致性，并给出了相应的验证方法。这项工作从业务流程的角度，为融合了三方交易主体的电子商务系统提供了一个完整的建模和验证方法。该方法可以使系统设计人员在设计阶段就识别缺陷并纠正，从而在系统开发和部署之前予以消除。为了证明该方法的适用性和可行性，对一个真实的电子商务业务流程进行应用和分析，并发现导致违反交易属性的问题[16]。

本节的目的是为了在系统实施开发之前，在设计阶段保证电子商务业务流程的正确性和可靠性，以避免不可挽回的损失和巨大的维护成本。要做到这一点，必须首先构建一个概念模型。本节基于分布式电子商务系统实际案例，构建了一个电子商务业务流程。

图 8.6 是一个电子商务系统流程图，反映商家 NopCommerce 与第三方支付平台 PayPal Standard 的流程缺陷[11]。本节对其进行了适当的改造，以便说明所用的建模和分析方法。首先，客户下订单并发送 Step1.a 去调用商家的 Placeorder，然后订单信息被存入数据存储器，包括 gross 和 orderID。因为订单未支付，所以状态设置为 Pending。而后 Step 1.b 将订单信息发送至客户并将其浏览器重定向至第三方支付平台，并按照订单信息进行支付。支付细节由第三方支付平台记录，并将 transactionID 通过 Step 2.b 返回。支付完成之后，客户通过 Step 3.a 调用商家的 Finishorder 以完成最后的步骤。

以下为图 8.6 所示电子商务系统流程的一些关键函数的伪代码：

```
Merchant/PlaceOrder: orderID=InsertPendingOrder()
Merchant/FinishOrder:
tnDetails=wCall_PDTDetails(transitionID);
    /*resulting in Step 3.a.a and Step 3.a.b*/
orderID=GetOrderIDField(tnDetails);
order=LoadOrderByID(orderID);
if (order≠null) and (order.state==Pending)
    order.state = Paid;
```

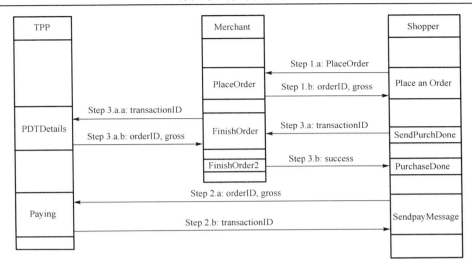

图 8.6 电子商务系统流程图

进而，使用 transactionID，通过步骤 Step 3.a.a 调用第三方支付平台的 PDTDetails，并通过步骤 Step 3.a.b 获取支付细节。然后商家通过支付细节中的 orderID 从其数据存储器中查找该订单。一旦该订单被找到并且状态为 Pending，设置其状态为 Paid 并向客户发送一个确认信息(Step 3.b)。

在交易过程中，交互发生在客户、商家和第三方支付平台之间，被用来协调商家和第三方支付平台的内部状态。这是比浏览器和服务器之间的双边交互复杂得多的行为。连同网站失效、单方面取消交易以及欺诈行为，保证这些系统的资金安全是非常困难的。在此利用这个案例来说明本节的方法。

图 8.7 为上述案例的三个控制流模型，图 8.8 为数据流模型，一些变迁为控制流模型和数据流模型的交集。合成控制流和数据流模型见图 8.9，为完整的 EBPN 模型。在这个例子中，{orderID, gross}$\in S$；t_7 为关键变迁，为了和其他普通变迁区分开，用具有两个边界的矩形来表示。开始，p_1、p_4、p_8 分别拥有一个类型为 TIdle、MIdle、SIdle 的 token，用来表示客户、商家、第三方支付平台已经准备好一次交易。初始数据状态为 $(M_0, \delta_{D0}) = ([p_1(\text{TIdle}), p_4(\text{MIdle}), p_8(\text{SIdle})])$。

控制流模型中的每个变迁表示三方 API 或客户端的操作事件。例如，图 8.7 的 t_6 表示一个用户在其浏览器上作出下订单命令。$t_1 - t_5$ 是商家购物网站和第三方支付平台的开放 API。对于电子商务系统的控制流来说，每一个交易主体的交易事件必须按照顺序进行组织和排列。同时，潜在的系统崩溃和消息丢失必须加以考虑。因此，也需要考虑到异常事件出现的可能性，如单方面取消交易以及网页失效等[17,18]。

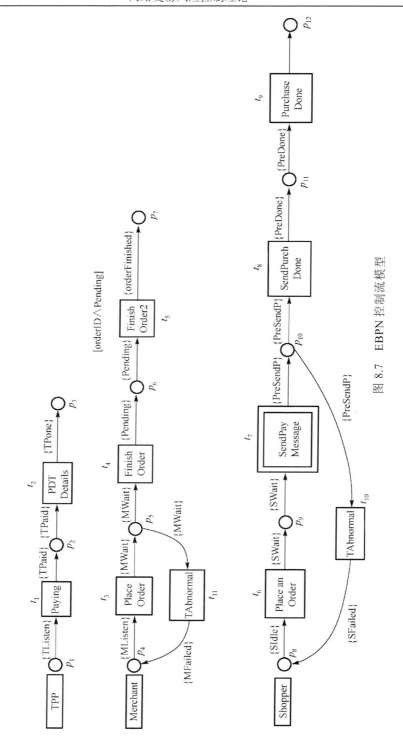

图 8.7 EBPN 控制流模型

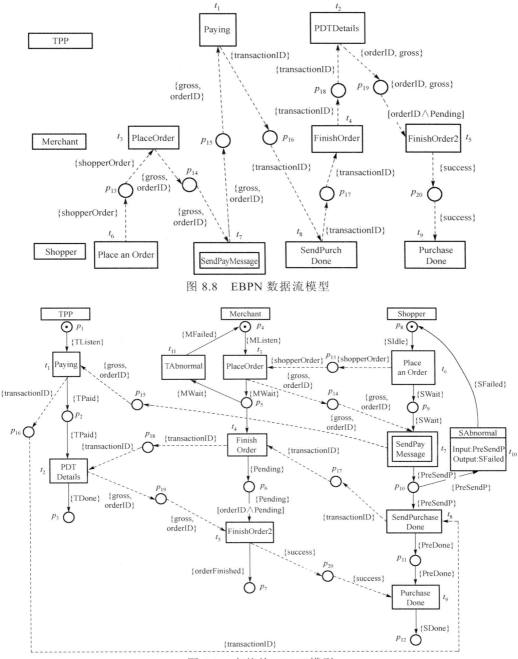

图 8.8 EBPN 数据流模型

图 8.9 完整的 EBPN 模型

　　控制流中的库所也隐含着三方主体控制状态的信息，例如商家首先处理客户的一个订单请求（t_3，PlaceOrder）。t_3 发生之后，处于状态 MWait（p_5 拥有一个类型为 MWait 的 token）。如果 t_4 能够发生，将会往 p_6 传送一个类型为 Pending 的 token。同时，t_{11} 也能够发生，使得商家处于 MFailed 的状态。t_5 有一个谓词[orderID^gross]，在数据状态 $< M, \delta_D >$ 下，只有当 orderID^Pending=T 并且 $M \overset{t_5}{\longrightarrow}$，$t_5$ 才能发生。t_5 发生完毕后，商家处于终止状态 orderFinished。

　　图 8.10 有 55 个扩展数据状态和 12 个终止状态。在终止状态中，只有$<M_9, \alpha_9>$ 完成了交易，并且没有违反交易一致性。在$<M_9, \alpha_9>$中，p_3（TDone）表示第三方支付平台已经完成支付；p_7（orderFinished）表示商家已经完成该订单，而 p_{12}（SDone）表示客户已经成功地买到了货物。$<M_{16}, \alpha_{16}>$，$<M_{31}, \alpha_{31}>$和$<M_{32}, \alpha_{32}>$违反了交易一致性。

　　对于$<M_{16}, \alpha_{16}>$，$\widehat{M_{16}}(p_3)$=TDone，$\widehat{M_{16}}(p_7)$=orderFinished，$\widehat{M_{16}}(p_{12})$=SDone，所以，三方交易主体都完成了这次交易，即第三方支付平台处于"已支付"状态，商家处于已完成交易状态，客户也已处于完成订单状态，但是 $\exists$ gross $\in \beta \bigcap S$，δ_D（gross）=F，即 grossF，$<M_{16}, \alpha_{16}>$不满足定义 3.31 的第一个条件。对于$<M_{31}, \alpha_{31}>$，$\exists \widehat{M_{31}}(p_2)$=TPaid，即第三方支付平台处于已支付状态并且已将资金从客户转至商家，但是$\exists \widehat{M_{31}}(p_4)$=MFailed，即商家处于未完成交易状态，客户将永远不能收到货物。所以，$<M_{31}, \alpha_{31}>$不满足定义 3.31 的第二个条件。对于$<M_{32}, \alpha_{32}>$，$\exists \widehat{M_{32}}(p_2)$=TPaid，即第三方支付平台处于已支付状态，但是$\exists \widehat{M_{32}}(p_4)$=MFailed，即商家没有达到完成交易状态，并且$\exists \widehat{M_{32}}(p_8)$=SFailed，即客户也没有处于完成订单状态。$<M_{32}, \alpha_{32}>$的情况和$<M_{31}, \alpha_{31}>$类似，唯一的区别是客户处于失效状态，并且客户方的资金已经丢失。因此，$<M_{32}, \alpha_{32}>$同样不满足定义 3.31 的第二个条件。其他中止状态没有完成交易，但是也没有违反交易一致性。

　　通过分析三个非法数据状态$<M_{16}, \alpha_{16}>$、$<M_{31}, \alpha_{31}>$和$<M_{32}, \alpha_{32}>$，可以发现$<M_{16}, \alpha_{16}>$的产生是因为 Finishorder 的逻辑验证缺少了对数据元素 gross 的校验，即 t_5 的谓词缺少了相关的校验准则；而$<M_{31}, \alpha_{31}>$和$<M_{32}, \alpha_{32}>$的产生则是因为潜在的系统异常和消息的丢失。那么，可以进行如下调整：对于缺少校验条件的谓词，增加一个校验数据元素 gross，变为[ordered^Pending^gross]；对于异常情况，增加一个变迁 t_{12} 及一个回滚机制,以保证用户资金不会遭到损失。

　　调整后的完整 EBPN 模型见图 8.11，而其扩展数据状态图见图 8.12。图 8.11 所示的电子商务业务流程能够处理潜在的数据不一致和异常事件，从而保证了该流程的交易一致性。因为通过上述验证所发现的问题已被纠正。

　　上述方法可以反映一个电子商务流程运行的所有情况，从而可以判断一个电子商务流程是否满足合理性和交易一致性。

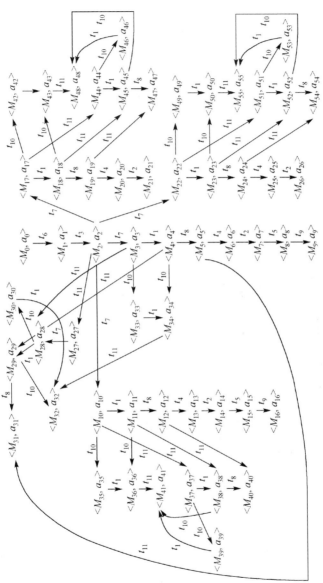

图 8.10 图 8.9 所示的 EBPN 的扩展数据状态图

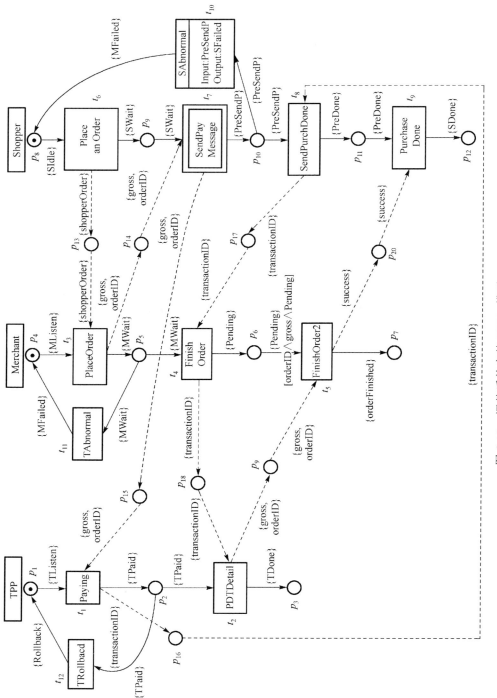

图 8.11 调整后的完整 EBPN 模型

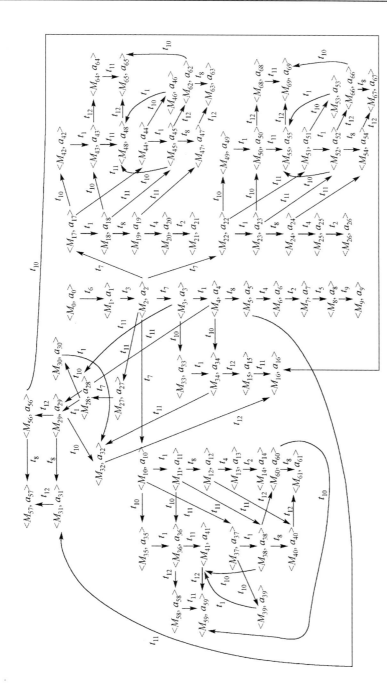

图 8.12 图 8.11 所示的 EBPN 的扩展数据状态图

8.4 案例三：Interspire 与 PayPal Standard 整合的流程缺陷

在需求分析和设计阶段，需要确定电子商务系统是否能够抵御可能的恶意行为模式，而这种恶意行为模式可以在许多公共威胁库中找到[11,19-29]。本节专注于包括三方(客户、商家和第三方支付平台)的电子商务业务流程，并从应用层出发，在系统的概念设计阶段用形式化方法验证一个电子商务业务流程是否能够抵御恶意行为模式。其基本思路是：首先，根据需求规约构建功能模型；其次，从恶意行为模式库中选择一个恶意行为模式，并按照功能模型将其转换为恶意行为模型；然后，将这两个模型进行合成，从而构成一个完整的攻击场景；最后，验证该业务流程是否能够抵御这种恶意行为模式。之后，选择另一种恶意的行为模式，并重复这个过程，直到所有的恶意行为模式都验证完毕。图 8.13 为该方法的框架图[30,31]。

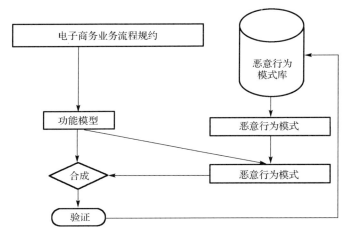

图 8.13　验证框架图

具体来说，第一，根据恶意行为模型，构造一个恶意用户的恶意行为序列。由于该恶意行为序列在组合后的 EBPN 中并不是一个完整的可执行序列，因此执行第二步。第二，将恶意行为序列和组合后的 EBPN 一起分析，构造出恶意行为序列和其相关变迁的关系图。第三，通过使用 EBPN 的动态特性，判断该恶意行为序列是否可以在组合后的 EBPN 中被执行完毕。如果可以，说明在该业务流程中，这种恶意行为模式是可行的；否则，说明该业务流程能抵御这样的恶意行为模式。

定义 8.1　给定 $EN_1 = (P_1, T_1; F_1, D_1, W_1, S_1, G_1)$ 为一个电子商务流程的功能模型，$EN_2 = (P_2, T_2; F_2, D_2, W_2, S_2, G_2)$ 为一个根据 EN_1 构造的恶意行为模型。那么

EN_2 的客户端恶意行为序列(client malicious behavior sequence，CMBS)为一个变迁序列 $\sigma = t_i t_j \cdots t_k$，其中 $t_i, t_j, \cdots, t_k \in T_2$，$i, j, k \in \mathbb{N}^+$。$\tilde{\sigma}$ 是序列 σ 的变迁集合，$|\sigma|$ 为 σ 的长度。

定义 8.2 给定 $EN = EN_1 \odot EN_2 = (P, T; F, D, W, S, G)$ 为组合了恶意行为模型的 EBPN，其中 EN_1 和 EN_2 分别为功能模型和恶意行为模型，$\sigma = t_i t_j \cdots t_k$ 为 EN_2 中的 CMBS。则 EN 的基于 σ 的变迁依赖图(transition dependency graph，TDG)为一个三元组 $TDG(EN, \sigma) = (N, X; V)$，这里：

（1）N 为 $TDG(EN)$ 的结点集，$N \subseteq T$，$\tilde{\sigma} \subset N$；

（2）X 为有向弧集，$X = \{(n_i, n_j) | n_i, n_j \in N, \exists p_k \in P \to (n_i, p_k), (p_k, n_j) \in F$ 或 $n_i n_j$ 为 σ 的子序列$\}$；

（3）$V: X \to P$，如果 $(n_i, p_k), (p_k, n_j) \in F$，$V(n_i, n_j) = p_k$；否则 $V(n_i, n_j) = \varnothing$。

TDG 用于直观地刻画变迁之间的关系，为一个有向图，能够反映一个 EBPN 的静态结构特性。

根据具体的恶意行为模式，在客户端恶意行为序列中，关键变迁的一些特殊操作必须予以考虑，比如说篡改一些关键的数据元素。如果 t_i 是客户端恶意行为序列中的一个变迁，且是一个关键变迁，根据恶意行为模式规约，该变迁的触发将 d_i 的值设为 T(真)或 F(假)，那么使用符号 $t_i\{d_i\}$ 或 $t_i\{d_iF\}$ 来表示因触发 t_i 所产生的 d_i 类型的 token 的值。然后，就得到了附有操作说明的完整的客户端恶意行为序列。

定义 8.3 给定 $EN_1 = (P_1, T_1; F_1, D_1, W_1, S_1, G_1)$ 为一个电子商务流程的功能模型，$EN_2 = (P_2, T_2; F_2, D_2, W_2, S_2, G_2)$ 为一个根据 EN_1 构造的恶意行为模型。EN_2 的一个 CMBS 为 $\sigma = t_i t_j \cdots t_k$。那么，$EN_2$ 的一个完整的客户端恶意行为序列(complete client malicious behavior sequence，CCMBS)为一个序列 $\rho = (t_i \sum_i)(t_j \sum_j) \cdots (t_k \sum_k)$，其中 $t_i \sum_i$ 为序列的一个元素，$\sum_i$ 称为 t_i 的一个操作。如果 $t_i \in \tilde{\sigma}$ 是一个关键变迁，那么 $\sum_i = \{s\xi | s \in S' \subset S_2, \xi \in \{T, F\}\}$，否则 $\sum_i = \varnothing$。$|\rho|$ 为 ρ 的长度。

这里，$(M, \delta_D) \xrightarrow{t\sum}$ 表示在数据状态 (M, δ_D) 下，t 按照其操作 $\sum$ 触发，如果 t 为关键变迁，那么一个数据状态 (M', δ'_D) 产生，而不是一个数据状态集 Γ，因为 $\sum$ 已经定义了 t 发生之后的数据配置，即

$$(M', \delta'_D) = (M', \forall s \in \{\widetilde{W}(t, p) | p \in t^\bullet\} \cap S \to \delta'_D(s) \in \xi \text{ and } s\xi \in \sum$$

$$\wedge \forall d \in \{\widetilde{M}(p) - \{\widetilde{W}(t, p) | p \in t^\bullet\} \cap S\} \to \delta'_D(d) = \delta_D(d))$$

对于无界 EBPN 来说，其可达数据状态的结点为无限集合，是无法构造出其 $RD(EN)$ 的，下面给出根据 $TDG(EN, \sigma)$ 和 ρ 构造 $RD(EN)$ 的算法。

算法 8.1 根据 $TDG(EN, \sigma)$ 和 ρ 构造 $RD(EN)$。

输入：组合恶意行为模型的 EBPN 模型 $EN = (P, T; F, D, W, S, G)$,初始数据状态

(M_0, δ_{D0})，完整的客户端恶意行为序列 $\rho = t_i \sum_i t_j \sum_j \cdots t_k \sum_k$，TDG(EN, σ) = $(N, X; V)$。

输出：RD(EN)，"YES" or "NO"。

```
1. 设(M₀, δ_D0)为根结点，并标之为"新";
2. N₁={t_i};
3. While"新"结点存在且|ρ|≠0 Do
4.     任选一个"新"结点作为(M, δ_D);
5.     If ∀t∈N₁: ¬(M, δ_D) ——t——→
6.     将(M, δ_D)作为"终止结点"，返回步骤2;
7.     Endif
8.     If ∃t∈N₁且t为ρ中的一个变迁，且(M, δ_D) ——t——→Then
9.         (M', δ'_D)=(M, δ_D) ——tΣ——→;
10.        If (M', δ'_D)存在于RD(EN)中 Then
11.            从(M, δ_D)到(M', δ'_D)画一条有向弧，并把此弧标以t;
12.        Endif
13.        Else 引入一个新的结点(M', δ'_D)；从(M, δ_D)到(M', δ'_D)画一条有向弧，
                并把此弧标以t;
14.        Endif
15.        将(M', δ'_D)标之以"新"并将(M, δ_D)的标记"新"移除;
16.        N₁=N₁∪{t'| t'为t的后继结点}-{t};
17.        将tΣ从ρ的开头移除;
18.     Endif
19.     Else Foreach ∀t∈N₁且(M, δ_D) ——t——→Do
20.         (M', δ'_D)=(M, δ_D) ——tΣ——→;
21.         执行步骤10到16;
22.     Endforeach
23.     Endif
24. Repeat
25. If |ρ|=0 Then 输出"YES" Else 输出"NO";
```

　　使用算法 8.1，可以判断一个客户端恶意行为序列是否可以成功执行。如果输出为"是"，系统中的恶意行为模式是可行的。否则，客户的恶意行为不会成功，该系统能够抵御这样的攻击。

　　本节将上述方法应用于一个实际的电子商务案例，反映商家 Interspire 与第三方支付平台 PayPal Standard 整合的流程缺陷[11]。假设该业务流程是在概念设计阶段的需求规约，该案例研究的目的是确定电子商务业务流程是否能够抵御恶意行为模式。事实上，在整个验证过程中，需要验证很多恶意行为模式，以保证该电子商务流程在概念设计阶段尽可能安全。因为验证方法是一样的，所以本节仅将

一个电子商务系统及其恶意行为模式作为研究案例。首先简单介绍该业务流程，然后叙述对典型的恶意行为模式建模和验证的完整过程。

如图 8.14 所示，三方交易主体(客户、商家和第三方支付平台)以及交易过程中的交互行为构成了一个电子商务业务流程。该流程使用一个称作 Instant Payment Notification(IPN)的 HTTP 消息作为第三方支付平台通知商家支付状态的方法。Step 2.a.a 表示该消息，在客户通过步骤 Step 2.a 进行支付之后，该消息会被立即发送。使用这种方法，商家需要设置一个 IPNhandler 的 URL，并将其嵌入到 Step 1.b 当中。然后，该消息在步骤 Step 2.a 将客户浏览器重定向至第三方支付平台。当第三方支付平台在步骤 Step 2.a.a 调用这个 handler 的时候，交易参数列表被附上签名。在 IPN 中，商家的 handler 验证这个签名、订单信息及支付信息，然后更新订单状态。在这个系统中，恶意用户可以通过一些复杂的恶意行为来实现其恶意目的。HandleIPN 的关键功能为：

```
HandleIPN() {
order=LoadOrderByID(orderID);
if (order==null || order.status≠Paid) exit;
if (merchantID ≠ Merchant) exit;
if (gross≠order.gross) exit;
    order.status=Paid; }
LoadOrderByID(orderID) {
if (orderId is empty)
orderID=cookie['order_ID'];}
```

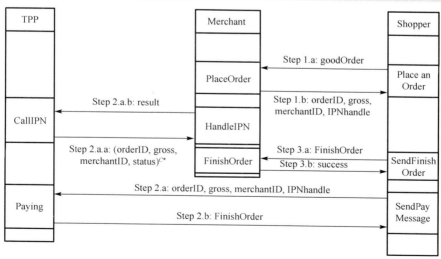

图 8.14 电子商务系统流程图

　　例如，恶意用户可以扮演所有三个角色：客户、商家和第三方支付平台，并只付一次，获取任意多数量的商品。这是一个混合了第三方支付平台行为和浏览器行为的复杂模式，是一个在电子商务系统中新近出现的复杂案例，恶意用户可以扮演三个角色并以任意顺序调用 API，并导致商家的损失。在现今复杂开放的网络环境下，电子商务系统中必然有更多不可预测的恶意行为模式。因此，需要一种形式化的方法来保证系统设计的安全性。

　　图 8.15 为恶意行为模式图，表示一个完整恶意行为的过程，并有一个“开始”和一个“结束”节点。一个矩形及其文本表示一个操作。有向弧表示操作的顺序，弧上的标签表示恶意用户第几次执行该交易过程。在这个案例中，首先，恶意用户在 Step 2.a 篡改消息，将第一次交易的 orderID 设置为空，并将 IPNhandler 设置为其自己设置的商家网站。这就使得第三方支付平台的 IPN 消息被传送至恶意用户(Step 2.a.a)。这样就给了恶意用户一个第三方支付平台签过名的 IPN 消息，包括参数列表(orderID=empty, gross, merchantID, status)以及签名 C^*。通过重演这个消息，恶意用户可以只支付一次，却可以买任意次商品。每一次，只需要通过 Step 1.a 下一个订单，并将该订单号作为浏览器 Cookie Order_ID，然后用获取的参数列表和签名调用商家的 IPNhandler。最后，通过 Step 3.a 调用商家的 finishOrder。在这个案例中，恶意用户扮演了所有的三个角色：客户、商家和第三方支付平台。因此，需要一种形式化机制来验证一个电子商务流程是否可以抵御此种类型的恶意行为。

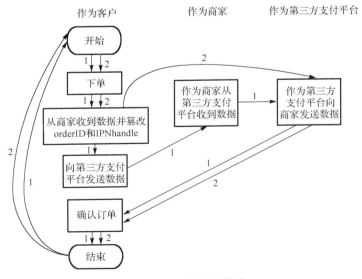

图 8.15　恶意行为模式

图 8.16 为根据图 8.14 的功能规约得到的功能模型。客户的操作事件以及商家和第三方支付平台的 API 由变迁来刻画，例如客户的操作 "Place an Order" 用 t_1 表示；t_2 为商家的一个 API，表示处理从客户发送来的订单；p_2 为一个数据传输通道。在图 8.16 中，p_1、p_3、p_7 为客户、商家、第三方支付平台的初始库所，且分别与 t_1、t_2、t_4 通过两个相反方向的弧进行连接，表示三方总是可以随时开始一次交易。初始数据状态为 $(M_0, \delta_{D0}) = ([p_1(\text{SIdle}), p_3(\text{MIdle}), p_7(\text{TIdle})])$。有两个谓词添加至 t_5 和 t_6，用以描述校验规则。由校验规则导致的不同执行情况由条件选择和条件汇合结构 $(p_9$、t_5、t_6、$p_{10})$ 来刻画；而 Cookies 的访问操作则用并行分支和并行汇合结构 $(t_3$、p_5、p_6、p_9、$t_6)$ 来刻画。在图 8.16 中，t_3 为关键变迁，{orderID, gross, IPNhandle} 为关键数据元素。图 8.17 为刻画图 8.15 所示恶意行为模式的 EBPN 模型（恶意行为模型）。t_1、t_3、t_8 为功能模型中的合法变迁，而 t_{10} 和 t_{11} 为恶意用户用来扮作商家和第三方支付平台的恶意行为。注意图 8.17 的合法库所和变迁的标号与图 8.16 对应一致。在图 8.17 中，t_3 和 t_{10} 为关键变迁，关键数据元素与图 8.16 对应一致。

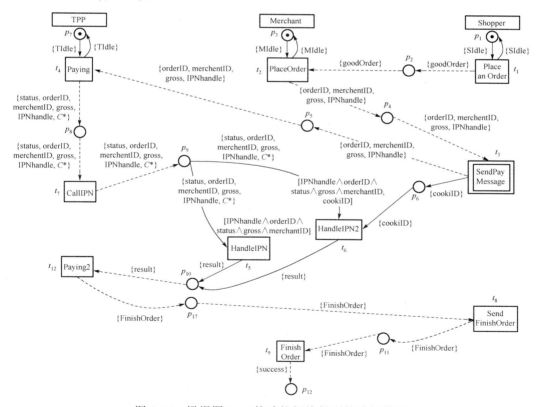

图 8.16 根据图 8.14 的功能规约得到的功能模型

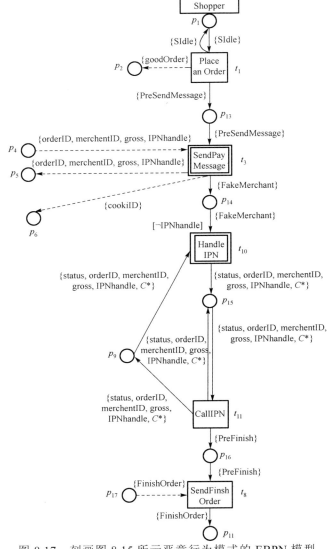

图 8.17　刻画图 8.15 所示恶意行为模式的 EBPN 模型

在功能模型和恶意行为模型都构建完毕之后，需要对其进行合成以验证恶意行为模式是否可以在功能模型中成功执行，如图 8.18 所示。对于图 8.15 和图 8.17 所示的恶意行为模式，构造客户端恶意行为序列 $\sigma = t_1 t_3 t_{10} t_{11} t_8 t_1 t_3 t_{11} t_8$。然后根据定义 8.3 得完整的客户端恶意行为序列 $\rho = t_1 t_3 \{\text{ordrID} F, \text{IPNhandle} F\} t_{10} \{\text{IPNhandle}\} t_{11} t_8 t_1 t_3 t_{11} t_8$。图 8.19 为根据图 8.18 和 σ 生成的变迁依赖图。根据算法 8.1，根据 ρ 和变迁依赖图生成的 RD（EN）见图 8.20。ρ 能够被成功地执行，输出为 "YES"。因此，该电子商务流程无法应对这样一种恶意行为模式。

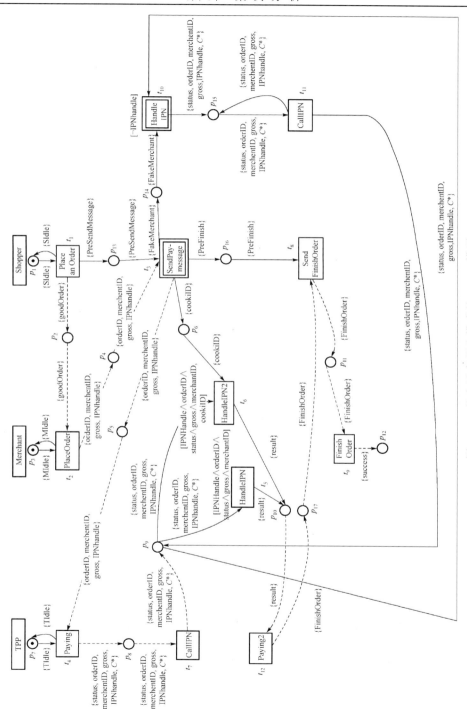

图 8.18 整合恶意行为式的 EBPN 模型

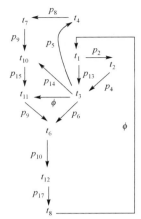

图 8.19　根据图 8.18 和 σ 生成的变迁依赖图

$([p_1(\text{SIdle}),\ p_3(\text{MIdle}),\ p_7(\text{TIdle})])$

$\downarrow t_1$

$([p_1(\text{SIdle}),\ p_2(\text{goodOrder}),\ p_3(\text{MIdle}),\ p_7(\text{TIdle}),$
$p_{13}(\text{PreSendMessage})])$

$\downarrow t_2$

$([p_1(\text{SIdle}),\ p_4(\text{orderID, merchantID, gross, IPNhandle}),\ p_3(\text{MIdle}),\ p_7(\text{TIdle}),$
$p_{13}(\text{PreSendMessage})])$

$\downarrow t_3$

$([p_1(\text{SIdle}),\ p_5(\text{orderID}F,\text{ merchantID, gross, IPNhandle}F),\ p_3(\text{MIdle}),\ p_7(\text{TIdle}),$
$p_6(\text{cookiID}),\ p_{14}(\text{FakeMerchant}),\ p_{16}(\text{PerFinish})])$

$\downarrow t_4$

$([p_1(\text{SIdle}),\ p_8(\text{orderID}F,\text{ merchantID, gross, status, }C^*,\text{ IPNhandle}F),\ p_3(\text{MIdle}),\ p_7(\text{TIdle}),$
$p_6(\text{cookiID}),\ p_{14}(\text{FakeMerchant}),\ p_{16}(\text{PerFinish})])$

$\downarrow t_7$

$([p_1(\text{SIdle}),\ p_9(\text{orderID}F,\text{ merchantID, gross, status, }C^*,\text{ IPNhandle}F),\ p_3(\text{MIdle}),\ p_7(\text{TIdle}),$
$p_6(\text{cookiID}),\ p_{14}(\text{FakeMerchant}),\ p_{16}(\text{PerFinish})])$

$\downarrow t_{10}$

$([p_1(\text{SIdle}),\ p_{15}(\text{orderID}F,\text{ merchantID, gross, status, }C^*,\text{ IPNhandle}F),\ p_3(\text{MIdle}),\ p_7(\text{TIdle}),$
$p_6(\text{cookiID}),\ p_{16}(\text{PerFinish})])$

$\downarrow t_{11}$

$([p_1(\text{SIdle}),\ p_{15}(\text{orderID}F,\text{ merchantID, gross, status, }C^*,\text{ IPNhandle}F),\ p_9(\text{orderID}F,\text{ merchantID},$
$\text{gross, status, }C^*,\text{ IPNhandle})p_3(\text{MIdle}),\ p_7(\text{TIdle}),\ p_6(\text{cookiID}),\ p_{16}(\text{PerFinish})])$

$\downarrow t_6$

$([p_1(\text{SIdle}),\ p_{10}(\text{result}),\ p_{15}(\text{orderID}F,\text{ merchantID, gross, status, }C^*,\text{ IPNhandle}),$
$p_3(\text{MIdle}),\ p_7(\text{TIdle}),\ p_{16}(\text{PerFinish})])$

$\downarrow t_8$

$([p_1(\text{SIdle}),\ p_{11}(\text{result}),\ p_{15}(\text{orderID}F,\text{ merchantID, gross, status, }C^*,\text{ IPNhandle}),$
$p_3(\text{MIdle}),\ p_7(\text{TIdle})$

$\downarrow t_1$

$([p_1(\text{SIdle}),\ p_{11}(\text{result}),\ p_{15}(\text{orderID}F,\text{ merchantID, gross, status, }C^*,\text{ IPNhandle}),$
$p_3(\text{MIdle}),\ p_7(\text{TIdle}),\ p_2(\text{googOrder}),\ p_{13}(\text{PerSendMessage})])$

$\downarrow t_2$

$([p_1(\text{SIdle}),\ p_{11}(\text{result}),\ p_{15}(\text{orderID}F,\text{ merchantID, gross, status, }C^*,\text{ IPNhandle})p_3(\text{MIdle}),$
$p_7(\text{TIdle}),\ p_4(\text{orderID, merchantID, gross, IPNhandle}),\ p_{13}(\text{PerSendMessage})])$

$\downarrow t_3$

$([p_1(\text{SIdle}),\ p_{11}(\text{result}),\ p_{15}(\text{orderID}F,\text{ merchantID, gross, status, }C^*,\text{ IPNhandle})p_3(\text{MIdle}),$
$p_7(\text{TIdle}),\ p_5(\text{orderID}F,\text{ merchantID, gross, IPNhandle}F),\ p_{14}(\text{FakeMerchant}),\ p_6(\text{cookiID})p_{16}(\text{PreFinish})])$

$\downarrow t_{11}$

$([p_1(\text{SIdle}),\ p_{11}(\text{result}),\ p_{15}(\text{orderID}F,\text{ merchantID, gross, status, }C^*,\text{ IPNhandle}),\ p_3(\text{MIdle})p_7(\text{TIdle}),\ p_5(\text{orderID}F,\text{ merchantID, gross, IPNhandle}F),$
$p_{14}(\text{FakeMerchant}),\ p_6(\text{cookiID}),\ p_9(\text{orderID}F,\text{ merchantID, gross, status, }C^*,\text{ IPNhandle}),\ p_{16}(\text{PreFinish})])$

$\downarrow t_6$

$([p_1(\text{SIdle}),\ p_{11}(\text{result}),\ p_{15}(\text{orderID}F,\text{ merchantID, gross, status, }C^*,\text{ IPNhandle}),\ p_3(\text{MIdle}),\ p_7(\text{TIdle}),\ p_5(\text{orderID}F,\text{ merchantID, gross, IPNhandle}F),$
$p_{14}(\text{FakeMerchant}),\ p_{10}(\text{result}),\ p_{16}(\text{PreFinish})])$

$\downarrow t_8$

$([p_1(\text{SIdle}),\ p_{11}(2\text{result}),\ p_{15}(\text{orderID}F,\text{ merchantID, gross, status, }C^*,\text{ IPNhandle}),\ p_3(\text{MIdle}),\ p_7(\text{TIdle}),$
$p_5(\text{orderID}F,\text{ merchantID, gross, IPNhandle}F),\ p_{14}(\text{FakeMerchant})$

图 8.20　根据 ρ 和变迁依赖图生成的 RD(EN)

通过分析该流程和相应的恶意行为模型，可以发现问题出自函数 LoadOrderByID，对应图 8.16 中的变迁 t_5 和 t_6。这是电子商务系统中一个频繁使用的实用函数，在很多情况下可以被调用，比如处理客户或第三方支付平台的请求时。因此，该函数被设计得过于一般化：当处理第三方支付平台的请求时（比如在 HandleIPN 中），该函数被调用，但是 orderID 为具体且明确的。然而，从客户端发来的请求并不包含 orderID。在这种情况下，函数 LoadOrderByID（empty）将会被调用，而 orderID 是从 cookie['order_ID']中找到的。因而，这种通用的设计实际上是有问题的，改变这种通用的设计可以解决这样的安全问题。使用相同的过程，也可以验证该流程是否能抵御下列问题："paying to the attacker himself to check out from the victim""paying for a cheap order to check out an expensive one""a customer purchases products at a reduced price"等。

8.5 本 章 小 结

当前网络交易系统要求控制流和数据流的统一，形式化模型和方法必须能够刻画这些性质并验证电子商务系统的交易属性。同时，面对复杂、开放、动态多变的网络环境，也需要相应的建模技术和验证方法来应对一些恶意用户的复杂恶意行为。针对现有网络交易流程的特点，基于前几章的理论基础，本章针对三个典型案例进行了完整的研究，分别是 IOTP 购买交易案例、NopCommerce 与 PayPal Standard 整合的流程缺陷案例、Interspire 与 PayPal Standard 整合的流程缺陷案例。利用本书提出的方法对网络交易业务流程的健壮性、无阻塞性进行了分析和验证；对业务流程本身的逻辑缺陷进行了分析和检测，并对开放网络环境下的恶意行为模式、合法身份非法行为的问题提出了应对框架。

参 考 文 献

[1] Burdett D. Internet open trading protocol（version 1.0）: RFC 2801. Internet Engineering Task Force, 2000

[2] Burdett D, Eastlake D, Goncalves M. Internet Open Trading Protocol. New York: McGraw-Hill, 2000

[3] Ouyang C, Kristensen L M, Billington J. An improved architectural specification of the internet open trading protocol// Proceedings of the 3rd Workshop and Tutorial on Practical Use of Coloured Petri Nets and the CPN Tools, 2001: 115-133

[4] Internet Engineering Task Force. http://www.ietf.org/

[5]　Du Y Y, Jiang C J. Verifying functions in online stock trading systems. Journal of Computer Science and Technology, 2004, 19（2）: 203-212

[6]　Du Y Y, Jiang C J, Zhou M C. A Petri net-based model for verification of obligations and accountability in cooperative systems. IEEE Transactions on Systems, Man, and Cybernetics, Part A: Systems and Humans, 2009, 39（2）: 299-308

[7]　Du Y Y, Jiang C J, Zhou M C, et al. Modeling and monitoring of e-commerce workflows. Information Science, 2009, 179（7）: 995-1006

[8]　Du Y Y, Jiang C J, Zhou M C. A Petri net based correctness analysis of Internet stock trading systems. IEEE Transactions on Systems, Man, and Cybernetics, Part C: Applications and Reviews, 2008, 38（1）: 93-99

[9]　Du Y Y, Jiang C J, Zhou M C. Modeling and analysis of real-time cooperative systems using Petri nets. IEEE Transactions on Systems, Man, and Cybernetics, Part A: Systems and Humans, 2007, 37（5）: 643-654

[10]　杜玉越. 电子商务系统的 Petri 网建模理论与分析技术研究. 同济大学博士学位论文, 2003

[11]　Wang R, Chen S, Wang X F, et al. How to shop for free online-security analysis of cashier-as-a-service based Web stores// Proceedings of the 32th IEEE Symposium on Security and Privacy, Oakland, USA, 2011: 465-480

[12]　Asokan N, Schunter M, Waidner M. Optimistic protocols for fair exchange// Proceedings of the 4th ACM Conference on Computer and Communication Security. Zurich: ACM Press, 1997: 8-17

[13]　Chen E, Chen S, Qadeer S, et al. Securing multiparty online services via certification of symbolic transactions// Proceedings of the 36th IEEE Symposium on Security and Privacy, San Jose, USA, 2015: 833-849

[14]　Chen E, Chen S, Qadeer S, et al. A practical approach to protocol-agnostic security for multiparty online services. Technical Report（MSR-TR-2014-72）, Microsoft Research, Redmond, WA, USA, 2014

[15]　Sun F Q, Xu L, Su Z D. Detecting logic vulnerabilities in e-commerce applications// Proceedings of the 21st Network and Distributed System Security Symposium, San Diego, USA, 2014: 1-16

[16]　Yu W Y, Yan C G, Ding Z J, et al. Modeling and validating e-commerce business process based on Petri nets. IEEE Transactions on Systems, Man, and Cybernetics: Systems, 2014, 44（3）: 327-341

[17]　Katsaros P. A roadmap to electronic payment transaction guarantees and a colored Petri net model checking approach. Information & Software Technology, 2009, 51（2）: 235-257

[18] Katsaros P, Odontidis V, Gousidou-Koutita M. Colored Petri net based model checking and failure analysis for e-commerce protocols// Proceedings of the 6th Workshop and Tutorial on Practical Use of Coloured Petri Nets and the CPN Tools, 2005: 267-283

[19] Swiderski F, Snyder W. Threat Modeling. Sebastopol: O'Reilly Media, 2009

[20] Xu D, Nygard K E. Threat-driven modeling and verification of secure software using aspect-oriented Petri nets. IEEE Transactions on Software Engineering, 2006, 32(4): 265-278

[21] Bhargavan K, Fournet C, Gordon A D. Modular verification of security protocol code by typing// Proceedings of the 37th Annual ACM Symposium on Principles Programming Languages, New York, USA, 2010: 445-456

[22] Ray I. Failure analysis of an e-commerce protocol using model checking// Proceedings of the 2nd International Workshop, Advanced Issues E-Commerce, Web-Based Information Systems, Milpitas, CA, USA, 2000: 176-183

[23] Hoglund G, McGraw G. Exploiting Software: How to Break Code. New York: Pearson, 2004

[24] Viega J, McGraw G. Building Secure Software. Tokyo: Ohmsha, 2006

[25] Garner Group. http://www.securityinnovation.com

[26] Neumann P. Principled assuredly trustworthy composable architectures. SRI International Computer Science Lab, Menlo Park, USA, 2004

[27] Ana S, Marjan K. Enterprise architecture patterns for business process support analysis. Journal of Systems and Software, 2011, 84(9): 1480-1506

[28] Antonio R, Óscar C, Antonio F, et al. Payment frameworks for the purchase of electronic products and services. Computer Standards & Interfaces, 2012, 34(1): 80-92

[29] Christian W, Michael M, Andreas S, et al. Model-driven business process security requirement specification. Journal of Systems Architecture, 2009, 55(4): 211-223

[30] Yu W Y, Yan C G, Ding Z J, et al. Modeling and verification of online shopping business processes by considering malicious behavior patterns. IEEE Transactions on Automation Science and Engineering, 2016, 13(2): 647-662

[31] Yu W Y, Yan C G, Ding Z J, et al. Analyzing e-commerce business process nets via incidence matrix and reduction. IEEE Transactions on Systems, Man, and Cybernetics: Systems, 2016, (9): 1-12

关键词中英文对照表

Internet 开放贸易协议	Internet open trading protocol
Petri 网	Petri net
安全	security
白盒测试	white-box testing
标注 Petri 网	labeled Petri net
标注工作流网	labeled workflow net
并发系统	concurrency system
第三方支付平台	third party payment platform
第四方认证中心	fourth party certification center
电子商务	e-commerce
电子商务流程网	e-commerce business process net
动态测试	dynamic testing
恶意行为模式	malicious behavior patterns
分布式系统	distributed system
分析与验证	analysis and validation
风险识别	risk identification
服务器	server-side
复合事件处理	complex event processing
工作流管理系统	workflow management system
行为认证	behavior authentication
行为证书	behavior certificate
黑盒测试	black-box testing
监控器	monitor
健壮性	soundness
键盘敲击行为	keystrokes behavior
交易量监控	monitoring volume of trading
静态测试	static testing
决策树模型	decision tree model
可视化系统	visualization system
可信	trustworthy
客户端	client-side
两层风险控制方法	risk control methods of two layers
浏览记录	browsing history
路由结构	routing structure

逻辑回归	logistic regression
马尔科夫过程	Markov process
密码	password
日志监控	monitoring logs
软件测试	software testing
软件系统评估	software system evaluation
身份认证	authentication
生理特征	physiological feature
事务	transaction
鼠标运动轨迹	mouse movement
数据清洗	data cleaning
数据状态	data state
数字证书	digital certificate
松耦合	loose coupling
网络交易	network transaction
系统结构	system architecture
小微企业贷款	small and micro enterprise loans
信用评分模型	credit evaluation model
信用评估	credit assessment
形式化方法	formal methods
业务流	business flow
业务流程	business process
业务流程模型	business process model
业务逻辑	business logic
异常处理	exception handling
隐马尔科夫模型	hidden Markov model
用户行为	user behavior
优化管理	optimal management
在线监控	online monitoring
在线支付	online payment
责任与证据	obligation and evidence
征信体系	credit investigation system
证书管理	certificates management
自动机	automaton
组件交互	component interactions
组织间标注工作流网	interorganizational labeled workflow net